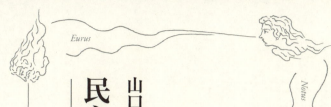

民主主義は終わるのか

——瀬戸際に立つ日本

山口二郎
Jiro Yamaguchi

岩波新書
1800

はじめに

民主主義のもとでの政治は決して理想的なものではありえない。かつて、丸山眞男は政治のあるべき姿を、福沢諭吉の言葉を用いて、「帯患健康《たいかんけんこう》」と称した。ちょっと悪いところもあるけれど、全体としてはまあまあ元気という状態が望ましい政治のあり方だという意味である。歴史を振り返れば、「健康」はナチスが強国を作り出すために打ち出した政策目標であった。完璧な健康を追求すれば、健康の足を引っ張る要素を切り落とすという話になり、不健全な強権政治につながる。

しかし、最近の先進諸国の政治の動きを見るにつけ、「帯患健康」どころか健康そのものを脅かす深刻な病が流行しているのではないかと思える。アメリカでは、国の最高指導者が平然と嘘をつき、少数者を差別する言動を続ける。中東やアフリカから来た移民、あるいはその子孫である女性国会議員に大統領が国へ帰れと言うのは、アメリカの建国の理念を否定する暴言である。これに抗議する市民も多いが、あくまで大統領を支持する人々もいる。トランプ大統領の存在自体が社会を分断し、それを深めている。

イギリスでは、二〇一六年の国民投票でEU離脱を決定して以来、離脱の具体策をめぐって混迷が続いている。国民投票を主唱したキャメロン首相は投票結果を受けて直ちに辞任し、その後を引き継いだメイ首相も離脱の具体策について議会の承認を得られずに二〇一九年七月に辞任した。そのあとに登場したのはジョンソン首相だが、国民投票の際に、EUへの分担金をやめればイギリスの社会保障が改善されるという根拠のないスローガンを叫んで離脱を推進した人物である。合意なき離脱になった場合には大きな経済的混乱が起こると予想されているにもかかわらず、首相は九月に議会を閉会し、二〇一九年一〇月末の離脱期限に向けてイギリス政治は漂流を続けている。

ドイツでは、長年政権の柱となってきた中道右派のキリスト教民主同盟と中道左派の社会民主党の支持率が低下してきた。二〇一七年の連邦議会選挙ではキリスト教民主同盟が議席を減らし、連立交渉が難航し、六か月の交渉を経てキリスト教民主同盟と社会民主党の大連立によってメルケル政権が継続した。その一方で、極右の「ドイツのための選択肢」が躍進し、第三党になっている。旧東ドイツの州レベルでは第一党をうかがう気配である。こうした混迷の中、政権運営は難航し、メルケル首相は二〇二一年に首相を辞任することを表明した。

フランスでは、移民排斥を唱える国民戦線(現・国民連合)が台頭し、同党のルペン党首が二〇一七年の大統領選挙では決選に進んだ。マクロン大統領は中道右派とかつての社会党の一部の支持を得て当選したが、彼が進める燃料税の増税に対して、二〇一八年秋から黄色いベスト運動が全国に広がり、政治に対する不満が広がっていることが示された。

イタリアでも、一九九〇年代の政党再編以来政権の柱となってきた中道右派、中道左派の政党の支持が低下し、二〇一八年三月の総選挙の後、政権の構成をめぐって三か月以上の空白が続いた。その後、既成政治家やエリート批判を売り物にする左派ポピュリスト「五つ星運動」と移民排斥を唱える右派ポピュリストの「同盟」の連立による政権ができた。しかし、両党の間には軋轢が続き、二〇一九年八月に連立の組み替えが起こった。

このように、欧米の主要国の政治は、いずれも大きく動揺している。従来政治を担ってきた政党が急速に支持を失い、ポピュリスト政党を中心とする新興勢力が台頭しているものの、安定した統治を確立できない状態が続いている。

それでは、日本の場合はどうか。二〇一二年末に発足した第二次安倍晋三政権は、国政選挙で勝利を続け、高い支持率を保ちながら、安定しているように見える。しかし、そのもとでは、毎年のように、従来であれば内閣が崩壊するような大きなスキャンダルが起こっている。森友学園疑惑に関連した公文書改竄《かいざん》など、その典型である。また、集団的自衛権の行使容認については、国論を二分した論争が起き、内閣法制局長官や最高裁長官を経験した専門家が、集団的自衛権の容認は憲法違反と発言した。従来の常識であれば、内閣が強引に立法を推し進めることはできないような世論状況が存在した。しかし、安倍首相は反対論を無視して政策を強引に進め、腐敗・不正の疑惑に対しては真相究明を拒んだまま職にとどまって再発防止に努めると開き直ってきた。こうした強引さや開き直りが何となく許容されるのが安倍政治の特徴である。その意味で、政権は安定していても、腐敗や強権政治という病理は進行している。帯患健康などとのんきなことを言っていられる状況ではない。

第二次安倍政権のもとで、日本の民主主義は壊れ続けている。安倍政権が進めた憲法秩序への攻撃、この政権が引き起こした政治腐敗や不正と主要選挙の結果を列挙すると、表のようになる。

今までの日本政治の常識を当てはめれば、これらの政治腐敗や不正あるいは強権的立法の一つでもあれば選挙で政府与党は敗北を強いられたはずである。そして、政権交代に至らないまでも、自民党内で権力の交代が起きたはずである。なぜそうならないのか。一つの説明は、虚偽や不正、多数の専制が余りに頻発して、国民もそれに慣れてしまい、怒りの世論が盛り上が

表　第2次安倍政権の7年

2012年12月	第2次安倍政権発足
2013年7月	参議院選挙で自民党圧勝．ねじれ状態を解消
12月	特定秘密保護法成立
2014年7月	集団的自衛権の行使は憲法9条のもとで可能とする閣議決定
12月	衆議院総選挙で現状維持
2015年9月	集団的自衛権の行使を主要な内容とする安保法制成立
2016年7月	参議院選挙で改憲勢力3分の2を維持
12月	南スーダンにおける自衛隊PKO活動の日報の隠蔽が発覚
2017年2月	森友学園に対する国有地の不当な値引きによる譲渡が発覚
5月	加計学園の獣医学部新設が総理案件として特別扱いされたことが発覚
6月	「共謀罪」法(組織的犯罪処罰法改正)が成立
7月	東京都議会選挙で自民党大敗
10月	衆議院総選挙で自民党現状維持
2018年2月	働き方改革法案の中の裁量労働制について提案の根拠となる労働時間調査に虚偽があったことが発覚．裁量労働制は撤回される
3月	森友学園に対する国有地譲渡に関する公文書において安倍首相夫人の関与を消去する改竄が行われていたことが発覚
9月	安倍首相，自民党総裁選挙で3選
2019年1月	経済分野の統計調査でデータの操作・捏造が発覚
7月	参議院選挙で自民・公明の与党過半数維持．与党と維新を合わせた改憲勢力は3分の2を失う

らないというものであろう。今や日本人は、安倍政権の不正・腐敗が次々と重なることを許容し、一つ一つの問題を受け止め、批判する能力を失っているのではないか。

しかし、さらに疑問は残る。なぜ人々は不正や腐敗に対して慣れてしまい、怒らなくなったのか。様々な問題が相次ぐにもかかわらず、なぜ安倍政権はほとんど常に四〇%以上の支持率を保持しているのか。

戦後日本の民主主義がどの程度まともなものだったかについては、いろいろと議論はあるだろう。しかし、政治家は国会答弁で嘘をついてはならない、権力を利用して私的利益を図ったことが明るみに出れば責任を取って辞めるなど、最低限の常識が働いていたということはできるだろう。これに対し、安倍政治の七年間で今までの政治に関する常識が通用しなくなった。常識の崩壊を放置すれば、我々が当たり前の存在だと思ってきた自由や民主主義は失われる危険がある。政治の常識とは自由を守るために長い歳月をかけて多くの人々が政治権力と闘い、培ったものである。政治の常識を守るためにも、常識を溶解、崩壊させている要因は何なのかを考えることが、政治学の課題である。本書では、自由と民主主義の擁護という観点から、この崩壊現象について考察し、批判の視座を構築することを試みたい。

目　次

第1章　瀬戸際に立つ民主主義

1　戦後に民主主義が続いた理由

戦後世界の民主主義

二〇一〇年代後半は、第二次世界大戦後に欧米先進国や日本で形成された政治と社会のシステムが大きな危機に直面している。日本の戦後民主主義の危機には、そうした先進国に共通の側面と、戦後日本の文脈の中の固有の側面が併存している。

まず、日本の経験から離れ、第二次世界大戦後の先進国で半世紀ほど続いた民主主義体制、世界レベルの「戦後民主主義」を特徴づけておきたい。戦後世界の民主主義は、戦争終了後ほどなくして始まった東西冷戦と、戦争による破壊の後の経済成長という二つの前提条件の上に存在した。ソ連を盟主とする社会主義体制との対立という状況は、西側諸国の政治・経済エリートにも緊張感を与えた。労働者を統合するためには、資本主義のもとで人間が幸福になることを体感させることが必要となった。そこで、技術革新と生産性向上に伴って増加した富を労働者にも分配するシステム、フォーディズムが確立した。これは、もともと自動車メーカーのフォードが始めた生産性向上と賃金引上げを連動させた労務管理システムのことである。そこでは、労働者は階級闘争を行うのではなく、生産性向上に協力すれば、賃金引き上げを得られ、それによって耐久消費財や住宅を購入し、豊かな生活を送ることができた。また、一般的な労働者が消費財を購入することで需要が一層拡大し、経済成長は促進された。技術革新と経済成長、労働者の賃金上昇、労働者の政治経済体制への支持が好循環をなした。

こうしてある程度の生活水準を保持する穏健な中間層が形成された。そして民主主義は、経営者団体、労働組合、農民、その他の専門職能団体など利益集団を単位とする参加と調整のメカニズムとなった。また、政党は政治経済体制をめぐるイデオロギーを捨て、社会の各種の集団に利益を与えて社会の多くから支持を得る、包括政党(catch-all party)となった。この仕組みは政治過程で存在感を持つ主要な団体に対して既得利益を与えることとなり、そこから真の公共利益は実現できないとする批判も現れた。たとえば、『自由主義の終焉』(邦訳一九八一年、木鐸社)を説いたアメリカの政治学者のセオドア・ロウィが有名である。そうした問題点はあるものの、多くの人々は団体に帰属することで、居場所を得て、政策による利益配分にあずかることができた。二〇世紀後半の先進国の民主主義はこのようにして安定した。

この時期の民主主義体制は次の四つの要素からなる。①表現の自由や集会結社の自由を中心とする憲法で保障された基本的人権、②政治における代表民主制と競争的政党制、③経済における自由な市場メカニズム、④経済成長の果実の公平な配分である。これらが結びついた政治経済体制を、「自由民主主義」と呼ぶことが多い。これは、戦後の西欧、北米、オセアニアで自明の前提となった。

本書では、戦後世界の自由民主主義を、単に「民主主義」と呼ぶことにする。その理由は、第一に、民主主義には政治参加と同時に自由を保障することが不可欠であり、あえて「自由」を冠する必要がないことである。第二に、日本で議論する場合、自由民主党という政党が長年権力を持っており、最近は本書で批判するように自由主義や民主主義を脅かすような政策や権力運営を行っているので、自由民主主義という言葉を純粋な分析概念として使うことが難しいことである。

戦後日本の仕組み

日本の戦後は、かなりの部分、西欧や北米における民主主義的な政治、経済の仕組みを共有していた。日本の場合、戦後初期から二〇年ほどの間、労働運動においてマルクス・レーニン主義の影響が大きく、階級闘争を志向する戦闘的な組合もあった。しかし、一九六〇年の三井三池争議が労働側の実質的敗北で終わった後は、民間部門では企業別組合が労使協調路線を取った。そして、フォーディズムの循環が定着した。石油ショックの直後を除いて一九八〇年代まで、ほぼ一貫して経済成長が続き、多くの国民にとって豊かな生活が実現した。自民党はこうした豊かな生活を享受する人々に支持された典型的な包括政党となった。こうして、日本でも、憲法体制、代表民主制、市場経済、公平な配分の組み合わせによって民主主義が定着していった。

日本においては、一九八〇年代に総中流社会が現れた。この時代の日本社会論として最も的確だったのは、経済学者の村上泰亮による「新中間大衆論」であった。村上は、高度経済成長によって形成された中間層を新中間大衆と呼んで、次のように規定した。日本の場合、ヨーロッパにあるような階級格差は存在せず、経済成長の果実はそれなりに公平に配分された。また、成長部門以外で仕事をしている農民や中小企業者などの人々に対しても、政策を介した再分配が行われた。また、住宅や耐久消費財の保有などの生活様式、教育水準、情報取得、余暇の過ごし方などについて、職業、居住地域による大きな差異は存在しない。全国どこでも、どのような仕事をしている人も、同じような生活様式を持ち、テレビや全国紙を通して情報を獲得し、余暇をそれなりに享受する。このような均質的な新中間大衆が形成されたことが、戦後日本の特徴であった。

新中間大衆という概念は、国民の九割が「中流」意識を持つ当時の日本に適合的であった。さらに、ある程度の生活水準を享受する人々は、政治的には現状維持志向が強かった。自民党政権の長期継続、一九八〇年代における自民党支持の再上昇は、生活保守主義と呼ばれるそうした政治態度の反映であった。

戦後の自民党政治が欧米の民主主義の基準を満たすかどうかについては、様々な評価があった。日本の場合、自民党の結党以来政権交代が起こらず、権力をめぐる多元的な競争が存在しない点で十全な民主主義ではないという議論もあった。しかし、近代的な憲法の枠内で代表民主制が持続され、政策的な再分配によって広範囲の国民の満足を得たという点から、民主主義が形成され、定着したという評価は可能である。

一九八〇年代、中曽根康弘政権が「戦後政治の総決算」というスローガンを唱えて、復古的な体制転換をほのめかしたこともあった。また、靖国神社公式参拝を行い、戦後の憲法体制の基底にある戦争への反省をあいまいにしようとしたこともあった。しかし、こうした企ては、スローガンの提示以上のものにはならなかった。一九八六年、中曽根は衆参同日選挙を断行して、大きな勝利を収めた。これは彼の政権が進めた行政改革、すなわち公共部門のリストラと効率化の政策が支持を得たためであり、これもまた生活保守主義の結果であった。一九八〇年代までは、日本においても民主主義の相対的安定期が続いたのである。

もちろん、この時代の民主主義に対しては、日本特有の同調主義の社会体質に着目し、真の自由は存在しないという批判も存在した。たとえば、思想史家の藤田省三による「安楽への全体主義」という議論は、その中でも最も犀利《さいり》なものであった。藤田は、物質的な豊かさが飽和状態に達した当時の日本において、便利さや豊かさの追求以外の生き方がない状態を、一種の全体主義ととらえた。当時の工業社会を根底から見直し、地球環境問題など豊かさの追求がもたらす弊害の克服に向けた内省的な知性の拠点を求める藤田の考察は、文明論的な批判であった。藤田は、豊かな社会の欠落を指摘していたということができる。

日本では憲法で謳われた自由がそれなりに維持されてきた。しかし、藤田が批判する通り、同時に同調圧力の強い社会でもあった。特に、学校と会社においては、個人の自由な異議申し立てを封じる画一主義がはびこっていた。この点は、ポスト産業社会を切り開く経済や技術を創造することに対して、きわめて抑止的に働いた。上の意向をおもんぱかるヒラメ型人間が多数を占める組織においては、失敗は隠蔽され、責任はあいまいにされ、間違った路線からの修正ができない。その点は、バブル崩壊後の不良債権問題、無駄な公共事業などの事例でいやというほど見せつけられた。

2　民主主義が変調をきたした理由

冷戦が終わった一九九〇年代初め、アメリカのフランシス・フクヤマが打ち出した「歴史の終焉」という主張が広く注目された。社会主義体制が消滅し、二〇世紀の間続いた資本主義と社会主義のイデオロギー対立は終わった。フクヤマは、冷戦以後の時代、政治における代表民主制と経済における市場システムはあらゆる先進国において自明の前提となり、その枠内で競争が行われると主張した。しかし、フクヤマの予言は外れたと言わなければならない。

まず、ポーランド、ハンガリーなど東欧革命で民主化された国々で、民主主義が定着していないことが次第に明らかになった。さらに、二〇一〇年代後半、欧米の先進国における民主主義は変調をきたすようになった。また、急速に市場経済化を進めたロシアや中国でも、政治的には権威主義が強まっている。

従来の多元的で寛容な社会の雰囲気は徐々にとげとげしいものとなり、過激な主張をする特異なリーダーが出現した。アメリカにおけるトランプ大統領の誕生、イギリスにおいてEU離脱を推進したデマゴーグの出現がその典型である。現在の世界において民主主義が陥っている苦境について、その理由を考えておきたい。

中間層の崩落

「衣食足りて礼節を知る」とか「恒産《こうさん》なくして恒心《こうしん》なし」という言葉は、民主主義にも当てはまる。生活が安定し、経済的な不安がない状態にあってこそ、人々は自由や人権に関する規範を尊重し、社会の構成員として他者に対する敬意と責任ある行動をとることができる。戦後民主主義の安定時代において、経済成長の果実は労働者にも分配された。また、西欧諸国では福祉国家の公的年金制度、包括的な医療保険など諸制度が整備され、貧困、疾病、加齢など生活に関わるリスクは公共部門がカバーした。アメリカのドキュメント映画作家、マイケル・ムーアが『華氏119』で描いたミシガン州の自動車工場で働く労働者の安定した生活は、この時代の情景であった。

しかし、一九九〇年代以降、先進国の経済環境は大きく変化した。その最大の原因は、社会主義体制の崩壊とグローバル資本主義の席捲である。資本主義と社会主義が体制間の競争をしていた時代には、資本主義国のエリートにとって、資本主義のもとで労働者が人間らしく暮らせることを実証する必要があったが、社会主義体制の消滅によって、一九世紀にマルクスが描いたような苛烈な資本主義が復活した。利益の最大化を求めて資本が国境を越えてグローバルに流動する時代に突入し、先進国の経済は大きく変容した。

第一の変化は、フォーディズムの崩壊である。先進国では、消費生活が飽和状態に達してモノに対する需要が逓減する一方、低賃金を求めて生産拠点を外国に移転することが容易になれば、もはや国内の労働者を厚遇する必要はなくなる。九〇年代以降IT革命によって生産性は大きく向上したが、それがもたらす果実はもはや労働者には分配されなくなった。賃金の伸びは大きく鈍化した。特に日本では九〇年代後半から賃金は低下傾向をたどることとなった。

第二は、第一とも関連するが、雇用の不安定化である。企業は、景気変動に柔軟に対応し利益を確保するために、賃金を固定費から変動費に転換した。正社員の削減と非正規労働の拡大がそれを可能にした。この面からも、賃金の低下圧力は強まった。併せて、一九世紀後半から二〇世紀にかけて労働運動が勝ち取った労働条件に対する様々な規制＝保護も掘り崩されていった。

第三は、政府の再分配機能の低下である。二〇世紀後半の福祉国家においては、政府は法人税や累進所得税によって歳入を確保し、労働者や低所得者に対する再分配を行った。また、社会保険においても雇用主負担が重要な財源となった。しかし、グローバル化の時代において、企業は租税や社会保険負担を忌避して外国に自由に移転するようになった。政府は、雇用を確保し、経済成長を維持するために、企業をつなぎとめる必要に迫られ、法人税や富裕層に対する累進課税を低下させることを余儀なくされた。日本でも安倍首相が言ったように、企業が最もビジネスしやすい環境を作ることが、経済政策の目標となった。

こうして、企業で安定的な雇用を得て、豊かな生活を享受した中間層は解体されていった。経済的な不安の増加は、かつて中間層に属した人々の政治意識に大きな影響を与えることとなる。もはや、包括(キャッチ・オール)政党は昔の夢となり、グローバル資本主義が猖獗《しょうけつ》を極める時代には、大企業と富裕層の利益を追求する勝者皆取り(ウィナー・テイク・オール)の政治が現れた。一九九〇年代のアメリカから始まって、富の無限の追求や貪欲が正当化されることが世界的風潮となった。より大きなビジネスチャンスを広げるための規制緩和や民営化が経済政策の世界標準となった。

一方、再分配と平等を推進する左派政党は次第に衰弱していった。一九九〇年代後半には、英仏独の三か国で左派政党が政権を握ったものの、グローバル資本主義を所与の前提として、人々の稼得能力を向上させる教育政策を推進するという微温的な対応を取ったために、労働者の不満を解消することはなかった。フランスでは、二〇一〇年代に社会党のオランドが大統領を務めたが、見るべき成果を上げられず、かえって社会党は、新自由主義的な路線のマクロン政権を支持するグループと、より原理主義的な社会主義を追求する左派に分裂し、事実上解体した。イギリスでは二〇一〇年に労働党政権が崩壊したのち、古典的な左派とグローバル資本主義経済に妥協する右派の対立が深刻で、左派のジェレミー・コービン党首について次の首相候補という期待は存在しない。ドイツでも、社会民主党は大連立政権に参加しているが、存在感を発揮できないままで支持率は低下を続けている。

このように二〇世紀後半の福祉国家をリードした中道左派政党は時代に対応した政策を提示できずにいる。他方、保守政党は寛大で親切な政治を捨て、大企業と富裕層優先の路線をとっている。没落した中間層はこうした既成政党から離反し、庶民の味方を標榜する新奇なリーダーや政党を支持するようになった。

民主化のパラドクス

民主主義の変調は、二〇世紀後半に追求された一層の民主化(more democracy)によってもたらされたという逆説的な事情も指摘できる。二〇世紀後半の安定した民主主義の時代でも、そのシステムからこぼれ落ちる人々が存在した。政治参加の単位が、企業、労働組合、農民団体、専門職団体など生産・供給側の集団であったことから、そこでの主要な登場人物は働き手の男性に限定されていた。また、人種・宗教・言語等の少数派、国によっては移民も排除されていた。

一九六〇年代以降、学生運動、女性解放運動、アメリカにおける黒人の公民権運動などが活発化した。自由や民主主義を特定のカテゴリーの人々だけに享有させるのではなく、一層の民主化によって民主政治の閉塞を打破するという運動が各国で広まった。その結果、民主主義国で従来権利を認められていなかった人々が権利を獲得し、社会は多様化した。民主主義は永久革命という丸山眞男のテーゼに従うなら、先進国といえども民主主義は固定的な制度であってはならない。従来、「二級市民」と扱われた人々が権利を要求するのは当然であり、民主化の度合いが高まることは肯定すべきことである。

たとえば、アメリカ独立宣言には、「すべての人間(all men)は、神によって平等に造られ、奪うことのできない権利を付与されている」という一節がある。この文書が書かれてから一世紀半の間、「すべての人間」とは白人の男性だけを意味していた。その後、女性、黒人、ヨーロッパ以外から来た移民やその子孫が、自分たちも人間だと主張し、平等と権利を獲得した。

民主主義とはそのようなプロセスである。

しかし、二一世紀に入って、これらの原理や建前、英語で言えば「政治的正しさ（political correctness）」に対する飽きや反発がアメリカや西欧で広がってきた。この反動は、民主化の進行への反作用である。民主化と反作用の微妙な関係について、時代を追って観察してみたい。

参加の量の拡大は参加の質を高めるという期待が昔は存在した。二〇世紀初頭のアメリカでは、既成政党の腐敗に対抗する市民運動から革新主義という政治潮流が現れた。そのリーダーだったロバート・ラフォレット（ウィスコンシン州知事、上院議員などを歴任）は、民主主義の問題を解決するのはより多くの民主主義（more democracy）であると叫び、改革を進めた。

しかし、量の拡大は質の向上と並行しなければ、むしろ多数の専制といわれる民主主義の病理を招来する。政治参加の量の拡大とは、より多くの市民が自らの利益や主張を政治過程に対して表出することである。これに対して、政治参加の質の向上とは、参加者がそれぞれの政治共同体の課題について広い視野で考え、自分の利益や主張を表出しつつ、他者の権利や利益についても顧慮し、より多くの人々が合意できる結論に至るよう議論するということである。今の言葉で言えば、熟議ということになろう。

すでに述べたように、一九五〇年代から八〇年代までの西欧や日本においては、政治参加は、労働組合、企業団体、農民団体などの団体を単位としていた。団体を基盤とする代表者が団体メンバーに対する利益配分の政策を勝ち取ることで、人々は政治参加の効果を感じていた。新聞、テレビなどの伝統的なメディアだけが存在する時代には、政治過程に関する情報はすべて公開されていたわけではなかった。団体を単位とする交渉の結果、腐敗と紙一重の裏取引や既得権が生じていたが、それは一般市民からは見えなかった。一般市民はすべてを知るわけではなく、政策決定の大半は政治家、官僚、団体指導者に委任され、多数派の市民が利益を享受する反面、政治に対して受動的だったことが民主主義システムの前提の一つだった。にもかかわらず政治に対する一定の満足感をもたらしたのは、豊かな生活の継続であった。

逆説的な話だが、戦後の民主化は、国によって時間差はあるが、安定的な民主政治システムの前提条件を掘り崩すという結果をもたらした。従来政治から疎外されていた少数民族、女性、移民その他少数者が政治参加の権利を持って自らのアイデンティティに基づいた政治行動をとるようになると、包括政党を支えていたような社会の均質性はなくなる。従来、社会の多数派だった人々、たとえばアメリカにおける白人男性は、政治的な発言権について、あとから政治参加を求めた女性や黒人、ヒスパニック系の人々などに追いつかれた形である。追いつかれたといっても、真の平等が実現したのであって、先に権利を持っていた人々が反発するのは筋違いである。しかし、白人労働者の中には、自分たちの政治的な消極性と「後から来た人々」の政治的な活発さの差が広がるにつれ、自分たちの影響力が相対的に低下し、置き去りにされたような被害者意識を持つ者も出てきた。西欧では、移民労働者の増加を前にして、すべての民族、宗教、性(伝統的な異性愛者のみならずLGBTを含む)に等しく権利を認めるという普遍主義に対する反発や懐疑が広がった。男性が社会の上部に君臨し、少数者がひっそりと追い込まれていた状態の時代を、秩序があり安定した時代だとするような的外れのノスタルジーが広まり出したのである。

女性や少数者の権利を否定したり、侮辱したりする発言を公の場で行うことは、一九七〇年以降、先進国ではタブーとなった。確信犯的に差別発言をするような政治家は、公的世界から追放されるのが常識となった(日本ではそのようなルールが遵守されているとは言い難いが)。トランプ大統領の新しさは、大統領候補として予備選挙において差別発言を繰り返し、それが話題となり、支持を集める要因となった点である。また、差別に加えて、政治的な敵を攻撃する際に虚偽や捏造《ねつぞう》の情報が多用されるようになった。指導的政治家は嘘をついてはならないという規範も、二〇一〇年代後半には崩壊した。こうして一層の民主化への逆風が強まる中で、民主政治の前提条件としての正確な情報の共有、誠実な発話、理性的な討論などの作法が危機に陥っている。

情報革命と民主主義の劣化

民主主義にとって言論の自由と公平な言論空間は不可欠である。しかし、二〇一〇年代に入って多くの先進国において言論空間は荒廃している。それを促している原因の一つは、一九九〇年代から急速に進行した情報革命、ＩＴの進化である。

インターネットによってコミュニケーションや情報共有が飛躍的に拡大し始めたとき、情報革命は民主主義を促進するという楽観論があった。情報伝達のコストが小さくなり、ネット上での議論が可能となり、運動やデモの呼びかけも簡単にできるようになる。ネットは人々の意思を集約して世論形成をする新しい武器になる。民主主義を支える政治運動にとって、ネットは便利な道具となった。

しかし、ネットの普及は言論空間の劣化を促進したことも確かである。トランプが公然としゃべる差別発言や虚偽情報の類は、彼が登場するはるか前からネット上にはあふれていた。情報伝達や言論空間についてネットの普及がもたらす弊害においては、民主化の両義性と似た構図がある。

旧来のマスメディアにおいては、そこで発言する機会を得たのはごく少数の、言論の世界のエリートであった。また、新聞における校閲、テレビにおける考査というチェックや検証の仕組みがあり、人権侵害や虚偽の流布を避けるための抑制の仕組みは幾重にも存在した。保守、革新という立場の違いはあっても、マスメディアでの発言については、一定の品質管理が加えられた。

これに対して、ネットはきわめて平等で、ある意味で民主主義的な言論空間を提供する。知名度は、ネットにおける影響力にとって必ずしも必要ではない。しかし、ネット上の言論については、校閲や考査は存在しない。感情がそのまま不特定多数の目に触れる場に陳列される。こうしたネットの普及が政治にもたらす衝撃について、イギリスのネット研究者、ジェイミー・バートレットが的確に整理している（『操られる民主主義』草思社、二〇一八年）。

彼は心理学者の研究を引用して、人間の行動をつかさどる基本システムに二種類あるとする。システム1では、思考はすばやく、直感的で感情的であり、システム2では、思考は遅く、論理的であり、感情に対する抑制の機能を持つ場合もある。インターネットはシステム1によく似ている。インターネットに情報収集を依存すればするほど、思慮、熟議は疎略になる。また、インターネットが人々を結び付ける際、「再部族化（re-tribalization）」が起きるとされる。ここでいう部族とは、主体的な目的意識を共有して関係を構築するのではなく、特定の感情を共有した閉ざされた結びつきである。特に、部族を結集する核となるのは、不平の意識である。世の中に対して不平を持つことは政治に対する批判の原動力であり、政治参加の動機となる。しかし、不平がステレオタイプ的な偏見、差別、憎悪につながれば再部族化は社会を分断し、政治におけるコミュニケーションが困難になる。認知心理学では人間には「確証バイアス」があることが明らかにされている。すなわち、人間はすでに認められている枠組みに従って情報を理解し、同じ考えを持つ者に囲まれ、これまでの世界観と相容れない情報は避けようとする傾向がある。このバイアスによって、分断は一層促進されるとバートレットは指摘する。

そうした不平は、伝統的な政治エリートや各種の集団に対して向けられがちである。権力にまつわる腐敗や特権を知るようになると、人々のエリートに対する敬意は低下する。政治は常に批判の対象となる。また、旧来のエリートを批判し、政治過程への直接的なアクセスを持たない庶民の感覚を代表するリーダーへの希求が一般的な現象となる。その反面、団体を単位とした旧来型の政治参加は、腐敗と既得権を助長するものとして否定的な評価を受けるようになる。こうした現象は、トランプ大統領を生み出したアメリカ、ＥＵ離脱を選択したイギリス、国民戦線のルペンが大統領選挙の決選に進出したフランス、反移民勢力が躍進しているドイツ、オーストリア、オランダ、北欧諸国で程度の違いはあれ、ポピュリズムの高揚という形で共通している。

もちろん、腐敗した政治家に対する怒りが人々に広がることは当然であり、政策的な優遇を得ている集団が批判にさらされることにも理由がある。しかし、多方面の意見を聞いて妥協するという政治家の営み自体が否定されれば、政治という活動は成り立たない。また、労働、社会保障・社会福祉、教育などの分野における人々の権利は、長年の運動の成果であり、それらを既得権として否定することは、無権利の状態に向かっての平等化をもたらす。たとえば正社員や公務員の労働条件をぜいたくとして否定するならば、社会全体で低賃金、長時間労働が当たり前となり、結局、働く人すべてが一層苦しむことになる。この点は、新自由主義と民主主義の関連で再度触れたい。

いまや世界の民主主義は、自ら生み出した民主化の成果によって苦境に立たされている。そして、日本も同じ状況に置かれている。本書では、日本におけるこの三〇年の政治の動きに即して、日本の民主主義を脅かす要因を四つにまとめたい。

第一は、三権の中の行政府、そして行政府の中の最高指導者(首相)に権力が集中するという現象である。

第二は、野党の危機とそれによる政党間競争の消滅である。

第三は、いわゆる新自由主義的経済政策がもたらした公共的世界の解体と、それがもたらす民主主義の侵食である。

第四は、個人の尊厳の否定と、自由の危機という風潮である。

以下、各章でそれぞれのテーマに即して、日本の民主主義の現状を分析したい。

第2章　集中し暴走する権力

この章では、権力の集中という現象、あるいは抑制を欠いた政治的リーダーシップがいかに民主主義の制度の中から生まれ、民主主義そのものを掘り崩しているかを、現代日本の政治現象に即して考察する。

二〇世紀後半の民主主義では、様々な制度や政策が作り出されて定着したが、それらには多くの受益者が存在し、政策の転換は政治的な意味で容易ではなかった。しかし、一九九〇年代以降、日本では、温暖化や地球環境問題、高齢化や人口減少に伴う社会保障支出の増加、グローバル化の中での経済成長の確保などの巨大な政策課題に応えるため、従来の政策を転換する必要に迫られるようになった。しかし、旧来の政党や利益団体を主役とする民主主義では、的確な政策を決定できないという批判が繰り返されるようになった。

一九九〇年代には「決められる政治」が必要だという声が高まり、政治と行政の制度改革が行われた。そして、政治的なリーダーシップの強化が図られた。しかし、その結果、二〇〇〇年代にはいって行政府に権力が集中し、とりわけ首相の権力が極大化するという逆の弊害が現れるようになった。

この問題は、多数者の支配という形式的民主主義と、権力の暴走を防ぐための抑制均衡という二つの原理の矛盾の表れということができる。もちろん、より良い社会を作るために政府は政策を決定し、権力や予算を使って世の中の問題を解決しなければならない。しかし、実際に政策を決めるのは代表者の中の多数派である。多数者が数を恃《たの》んで暴走し、自由や権利を侵害することは二〇〇年以上前から自由主義の思想家が憂慮していた。政治の基本的なルールや基本的人権の体系などは、民主政治の土台であり、その時々の多数派が自分たちの党派的な利害のためにもてあそんではならない。実効的な政治と権力への抑制のバランスが崩れたことが、民主主義の危機をもたらしているのである。これが、この章の主題である。

1　「決められる政治」の追求の果て

日本的な抑制均衡システム

戦後日本の政治体制には、意図して設計されたものではないが、いくつかの要素が重なり合い、権力抑制的な要素が埋め込まれていたということができる。そのため、一枚岩の強大な権力が出現せず、政府権力への対抗力が政治体制に存在した。

第一は、自民党における多元性の存在であった。自民党は、戦前の政友会、民政党などの流れをくむ複数の保守政党が一九五五年に合同してできた政党である。権力をめぐる内部闘争は苛烈であり、総理・総裁の座を目指す有力政治家は自分の派閥を作った。当時の中選挙区制度において、自民党公認の候補が同じ選挙区内で数名争っていたので、派閥は選挙の必要からも強化された。総理大臣がリーダーシップを発揮して重要政策を推進する時も、党内では総理の座を狙う別の派閥の領袖が権力闘争のタイミングを計るということが常態であった。したがって、政府の暴走に対しては、与党内からブレーキがかかることがあった。

かつての自民党には、「振り子の論理」が存在した。改憲志向の岸信介から高度経済成長の池田勇人への転換、金権の田中角栄からクリーンな三木武夫の転換など、時流と国民意識の変化を受けて政権を入れ替えたことが自民党政権の長期化の秘訣であった。この振り子を振らせたのが派閥間の権力闘争であり、派閥ごとのある程度の政治理念の相違であった。派閥は金権腐敗の元凶であったが、権力闘争は独裁や暴走に対する歯止めとして機能し、自民党政権に時代の変化に対する柔軟な適応を促したという副産物もあった。

第二は、官僚組織における割拠主義である。明治以来、日本の官僚制においては縦割り、専門分化が強固で、省庁間の競争と対抗が続いていた。この仕組みは、割拠主義とも呼ばれる。日本の官僚組織においては、各省大臣が行政権の主体であり、各省が独立した王国であった。政策立案において、各省は強い自立性を持っていた。大蔵省・財務省は予算編成権を持っているので、他の官庁の上に君臨するというイメージもあった。しかし、予算配分の省庁別の割合は安定的に継続した。省の枠を超えて、大蔵省・財務省が国益の観点で予算配分を大幅に変更したということはほとんどなかった。経済成長の時代に財源が増えたときも、増え方は横並びだったし、歳出抑制の時代にもシーリング方式がとられた。政策の必要度とは無関係に各省の予算の伸び率を一律に設定し、横並びで削減を図った。

各省の官僚は、自民党の政治家の中に自分たちの味方、庇護者を育成した。それが族議員であった。自民党の政務調査会の部会は、行政府の縦割りに並行して専門分化した。官僚は対応する部会の有力な議員と密接な関係を築いた。官僚は、族議員からの要求を聞いて利益配分を行う一方、各省が推進する法案や事業について与党における応援団として族議員を利用した。この官僚・政治家連合体が様々な分野の政策について、既得権を維持する大きな力を持つに至った。

各論や部分的な利益の主張が自由にできるということは、独善的で誤った「国益」の暴走を防ぐためには有益であった。この体制は、様々な政策分野に配慮し、バランスを図ることにつながり、権力の抑制という観点からは有意義であった。

また、官僚機構の中でも、内閣法制局が憲法解釈について政府の公式見解を司ったことも、権力の暴走を防ぐという意味では重要な歯止めとなった。自民党政権は、憲法九条のもとでも必要最小限度の自衛力の保持は禁止されていないという解釈のもとで、自衛隊を保持してきた。この路線は解釈改憲と呼ばれるが、この憲法解釈は自衛力の整備や行使に対して、実務上厳しい制約をはめた。攻撃用の装備の保持や集団的自衛権の行使は憲法上許されないという法制局見解は、日本の防衛政策の土台となった。法制局という官僚組織が憲法の有権解釈を独占的に行ったことが、政府権力への対抗力の一つの柱となったことは否定できない。

第三は、国会における野党の影響力である。五五年体制のもとで政権交代は起きなかったが、国会における法案審議について、野党はそれなりの影響力を持った。昔の自民党政権には、「一国会一法案」という言葉があった。一つの国会の会期で成立させる重要法案は一つだけという意味であった。国会法で通常国会の会期は一五〇日とされ、予算成立以後の法案審議に充てられる時間はそれほど多くない。また、日本の国会は原則として会期不継続で、会期末に成立しなかった法案は廃案となって、次の会期で最初から審議をしなければならない。こうした制度のゆえに、野党は日程管理を武器に政府与党に抵抗することができた。また、野党には安全保障問題や労働・社会保障分野を中心に、論戦が得意な政治家もいた。ゆえに、自民党は野党との話し合いを重視し、法案には反対だが採決には応じるという程度の合意を引き出すことを心掛けた。一党優位の自民党政権は、国会において野党の主張をある程度聞くことで、一党支配ではなく民主的な政権運営を行っているというイメージを確保しようとしたのである。

野党が立法過程である程度の影響力をもつことができたことは、権力の暴走に対するブレーキとしても有意義なことであった。特に、憲法九条と安全保障政策に関して、日本の経済力が向上するにつれてアメリカから日本に対する防衛力増強や米軍との協力の拡大を求める圧力が強まった。しかし、そうした圧力をかわす口実として、自民党政権自体も野党の抵抗力を利用した。

「決められる政治」のための制度改革

このような構造の存在により、戦後日本政治には権力抑制のメカニズムが組み込まれていたということができる。そこでは、社会の中の様々な集団や地域の利害に対して政府の政策形成においてある程度の配慮を行い、特定の主張や利害が突出するとか、政府指導者の権力が肥大化することを防ぐという結果が招来された。また、それによって社会の多様性が守られてきた。

しかし、そうしたバランス重視の政治システムが機能不全に陥っているという認識が、一九八〇年代末から急速に広がった。一九八〇年代には、日米経済摩擦が深刻化し、市場開放、投資の自由化などの課題をアメリカに突き付けられ、日本政府が右往左往した。官僚と族議員の連合体が、国内の利害関係者の損失を回避するために、政策転換に立ちはだかり、アメリカ政府との間で日本政府が板挟みにあうという構図である。今から三〇年前には、コメは一粒たりとも輸入しないと国会で決議を上げるほど、政治家は利益集団を大事にした。

一九九〇年代に入ってからは、グローバル経済の本格化、人口の急速な高齢化、少子化と人口減少時代の到来、地球環境問題など、それ以前の時代になかった巨大な政策課題が叢生した。財政構造や生産・消費活動そのものを見直す必要に迫られたのだが、旧来の政治システムでは適切な対応ができないという不満が、保守・革新、経済界・労働界を問わず広がった。こうして、旧来の既得権の構図を打破し、強い指導力をもって政策転換を進められる政治システムの構築を求める世論が強まった。

一九九〇年代前半には、政治改革として衆議院選挙が中選挙区制から小選挙区比例代表並立制に変えられた。選挙制度を中心とする政治制度の改革は、日本の政党を政策的基軸と凝集性を持ったものに変えるとともに、政党間で政権をめぐる競争を誘発するという目的で行われた。それまでの中選挙区制が自民党内の派閥間競争を促進したことにはすでに触れた。同時に、定数二ないし六の中選挙区では必ず野党議員も当選でき、保守政党と野党の間では棲み分けをもたらした。特に、野党第一党だった社会党がその恩恵に浴した。この仕組みは、野党に安楽な居場所を提供し、政権をめぐる政党間の競争を阻害した。この弊害を克服するために、小選挙区制が導入された。また、小規模な野党にも存在の余地を確保するために、比例代表制も組み合わされた。小選挙区制においては、党の公認を得ることが候補者にとって死活問題となり、公認権や資金の配分の権限を持つ党の執行部が強くなることが予想された。

一九九〇年代後半には、橋本龍太郎政権のもとで行政改革として、中央省庁の再編成と内閣機能の強化、首相のリーダーシップの強化が図られた。それらの改革は二〇〇〇年代初めに具体的な制度として実行された。省庁再編は、縦割り主義の弊害を是正するためであり、首相の指導力強化およびそれを支える内閣中枢の機構整備は、省庁の枠を超えて国益や公共利益を追求する政策形成を首相主導で行うことを目的としていた。内閣官房と内閣府に、首相のトップダウン型リーダーシップを補佐するためのスタッフ機構が整備された。また、経済、財政を中心とする重要な政策課題について、経済財政諮問会議や男女共同参画会議、総合科学技術会議など権威のある審議機関が設置された。

また、行政府の運営において政治指導者の統率力を強化するための制度改革も行われた。従来、各省には大臣と一、二名の政務次官が配置されていたが。これらの政治家はしばしばお飾りといわれていた。これらの政治家は、官僚が進める政策形成を理解し統制する力を持たないのが通例であった。大臣は年功を経た与党政治家の名誉の証であり、一年ごとに入れ替えられた。国会の法案審議では、官僚が政府委員という肩書で答弁し、大臣の力量は不要であった。二〇〇〇年代初めに、各省における政治任用のポストが増員され、大臣に加え、複数の副大臣、大臣政務官が設置された。また、国会審議においては大臣、副大臣が答弁することが原則とされた。さらに、イギリス議会の制度を模倣して、一九九九年に党首討論も始まった。

一連の制度改革は、国民に選ばれた政治家が名実ともに政権運営や政策決定の主人公になるべきだという理念を追求するものであり、「政治主導」型の制度改革が目指された。新しい政策課題に応えるために、政党の求心力を高め、政府の機能、能力を向上させる、さらに政府指導者の権力を強化し、有効性を高め責任の所在を明確にするという問題意識自体は、時代の要請に対応するものであった。国民の意思を政策形成により有効に反映させることを目指す限り、それ自体は一層の民主化を追求するものであった。マクロの政策課題に応える有能な政府を作るという問題意識が広まったのは、それ以前の自民党政権に政策能力がなかったからである。行政改革に並行して、情報公開法の制定や地方分権改革が行われた。情報公開制度を国のレベルで作ったことで、官僚組織に対する外部からのチェックは容易になった。また地方分権は、国内政策に関して中央政府の権力を地方自治体に再分配する意味があった。この改革には自治体の政策的自由度を高めるという一定の意義はあったが、中央地方関係は基本的に維持された。情報公開と住民参加という理念は、二一世紀にはいると中央地方を通じて誰も否定しない政治行政の基本前提となった。

しかし、これら一連の改革において強い権力に対して、それに対抗する有効な責任追及メカニズムを組み込むという問題意識は希薄であったと言わざるを得ない。強化された内閣や与党に対抗するのは、野党の役割とされた。それは、制度の整備というよりも、野党の頑張りという現実レベルの対応に任された。

小泉政治が壊した自民党

一九九〇年代に作られた権力の集中システムを最初にフルに活用したのは小泉純一郎であった。彼は、自民党を長年支配してきた田中―竹下派の解体を政治家としてのテーマにしていた。

二〇〇一年の自民党総裁選に挑戦したとき、「自民党をぶっ壊す」と叫んで、橋本龍太郎を圧倒した。それは、竹下派の流れをくむ郵政、公共事業、農業などの族議員を駆逐するという意味であった。小泉は総裁選の党員投票で圧倒的な支持を受けて勝利した。そして、郵政民営化という、一九九〇年代には実現不可能と思われた持論の実現に向けて政府、自民党を動かした。二〇〇五年の通常国会で、参議院が郵政民営化法案を否決すると、彼は衆議院を解散し、民営化法案に反対した自民党衆議院議員を党から追放したうえで、「刺客」と言われた対立候補を送り込み、圧倒的な勝利を収めた。これにより、民営化反対の勢力は雲散霧消した。これが、新しい選挙制度における党執行部への権力の集中を最も鮮明に印象付ける出来事であった。

政党がリーダーの掲げる政策を共有し、その実現のために結束して行動するというモデルを政党デモクラシーの一つの規範型と考えるならば、小泉が打ち出した新たな政党政治のあり方は、まさにそのモデルのとおりであった。そして、それは九〇年代以降の制度改革のねらいが正当に実現した結果とみることができる。小泉流の新自由主義的構造改革に反対する私のような論者も、国民による政策選択の当否をめぐる評価は別にして、このモデルを実践したことの意義は認めなければならない。なぜなら、日本の社会経済システムを北欧のような社会民主主義モデルに移行させる大改革を行う際にも、政党が結束して基本政策を追求することが必要となるからである。

ただし、それには重要な前提条件がある。第一は、政策に関する情報が的確に開示、共有され、自由な政策論議の機会が確保されることである。第二は、強いリーダーシップによる政策変更が実体的な資源配分のレベルで行われ、議会政治、言論・表現・報道の自由、政治参加の自由など民主政治の土台をなす基本的な原理には手を付けないことである。自由な言論と民主政治のルールが存在する限り、資源配分をめぐる政策については試行錯誤できるし、失敗したとしても修正は可能である。民主政治のルール自体を壊してしまえば、言論によって政策を変更することは不可能になる。

小泉政治はこの二つの前提条件から逸脱し始めていた。郵政民営化という政策の意義について、小泉は「構造改革の一丁目一番地」と叫ぶばかりで、論理的、体系的な説明はしなかった。民主政治における言葉の崩壊は、小泉時代から始まっていた。しかし、政権を批判する側が委縮したり自主規制したりすることは今日ほどは広がっていなかった。

小泉政権時代は、報道は安倍時代に比べればまだ健全であった。政権の末期に、小さな政府路線の弊害で格差や貧困が広がり始めると、メディアもそれらを取り上げて、世論に大きな影響を与えた。ＮＨＫは、ワーキングプアに関する特集番組を放映し、衝撃を与えた。また、当時の最大野党民主党も、郵政民営化選挙で大敗したものの、二〇〇六年以降は小沢一郎代表のもとで構造改革路線に対抗する政権構想を打ち出して戦った。そして、二〇〇七年参院選、二〇〇九年衆院選における勝利につながった。政治における振り子は健全に機能していたのである。

2 政治家の過剰、官僚の忖度

ここまでに述べたように、一九九〇年代から二〇〇〇年代にかけての「政治主導」型の制度改革は、三権の中での行政府へ権力を集中させ、行政府内の首相の権力を強化した。しかし、かつての官僚支配を否定するあまり政治家の指導力を金科玉条とすることは、民主主義に不可欠な権力の抑制を脅かす。そもそも、官僚が悪で政治家が正義というような単純な二元論は誤りである。両者は異なった役割を持ち、その二種類の特性を適切に組み合わせることが、有効な政策形成に必要である。

とりわけ二〇一二年一二月からの第二次安倍政権のもとで、政治と行政のバランスが崩れ、政治の絶対化が進んでいる。その現象を捉えるために、アメリカの政治学者、アバーバック、パットナム、ロックマンが政治家と官僚のあるべき役割について提示した次の三つのモデルをもとにしてみたい（Joel Aberbach, Robert D. Putnam, Bert Rockman, *Bureaucrats and Politicians in Western Democracies*, Harvard University Press, 1981）。

①**「決定－実行」モデル**

政治家が政策を決定し、官僚がそれを実行する。民主主義、国民主権のもとでは、国民から直接選ばれた政治家が決定の責任を負うのは当然とされる。官僚は政治の従僕として、それを実行するという役割を担うべきとされる。

②**「価値－事実」モデル**

政治の世界はイデオロギーあるいは政策体系を導く基本的な理念、価値観をめぐる戦いである。政府の指導者はその戦いを勝ち抜き、国民が支持した価値観を元に政策を方向づける。官僚は、事実を元に政策の具体的な立案、構築を行う。

③**「エネルギー－均衡」モデル**

官僚は、制度の継続性や安定性を重視し、今までの仕組みをこれから起こる問題にも適用しようとする。それが均衡の原理である。しかし、環境変化が大きいときは、従来の政策、制度の適用範囲を超える問題が発生する。政治家の仕事は既存の仕組みを打破、転換し、変化を起こすことである。

これら三つのモデルについて、良好なバランスを確保するための単純な公式は存在しない。具体的な政策立案・決定のたびに、政治家、官僚がそれぞれ発揮すべき要素のバランスを検討するしかない。現代日本における政官関係に関する問題を三つのモデルに即して整理すると、次のようになる。

① 政治的決定の過剰

民主主義の体制において、国民から権力を付託された政治指導者が最終的な決定の責任を負うことには、誰しも異論はないはずである。しかし、行政の公平性を維持し、党派的利害による法秩序の破壊を防ぐために、政治的決定が踏み込めない領域が存在する。安倍政治の最大の問題は、その矩《のり》を超えて、党派的な動機で過剰に決定している点である。

たとえば、国有地の売却は入札によって粛々と行うべきだが、首相と親しい人物の経営する学校法人に法外な値引きの上、随意契約で譲渡された。首相が国会答弁で自分や妻が売却にかかわっていたら政治家を辞めると発言したことを受けて、財務省の担当部署では首相夫人が関与したことを記録していた公文書が事後的に改竄された。そして、この事務処理を担当していた一人の職員が自殺した。また、大学学部の設置は専門家による厳格な審査を経て行うべきだが、総理大臣と親しい人物が経営する学校法人の申請が超特急で処理され、認可された。これらが森友・加計問題の本質である。政治家による不当な介入を正当化するために、行政職員が犠牲になっているのである。

安倍政権の長期化の中で、政権の側の政治家・官僚や言論人は違法の疑いが濃い行為を行っても刑事的な責任を追及されないという事例が相次いでいる。甘利明元経産大臣が業者から資金を受け取り、その業者のためにＵＲ（独立行政法人都市再生機構）に口利きをしたことが明らかになっても、刑事訴追されなかった。公文書の改竄を看過した財務省の幹部も、刑事責任を問われていない。安倍首相と親密で、首相を称賛する本を書いたＴＢＳの元記者が女性を泥酔させ、合意のない性行為を行ったとして、所轄の警察署が逮捕状を取った時に、警察庁の上層部から逮捕を見送るよう圧力がかかったとされる事件もあった。

総理大臣が直接指示して決定をゆがめたかどうかはわからない。しかし、実務を担う官僚に忖度《そんたく》をさせ、そのことが明らかになっても決定を撤回しないということは、政治権力者が事実上決定したということを意味する。このように、本来専門性や法の下の平等、法的安定性を尊重すべき行政固有の領域に政治の力が侵入することで、法的公正や公平さが破壊されているのである。

② イデオロギーによる事実の無視

政治家はそれぞれ理想、あるいは理念を持たなければ、存在理由はない。理念を体系的に人に訴えるという意味でのイデオロギーは政治家や政党に不可欠である。しかし、かくあるべし、かくありたしという理想、理念と冷厳な現実とを区別することは、有効な政策決定のために必要な前提である。政策決定を医療に喩えるなら、適切な政策立案は社会問題＝病気についての客観的な因果関係の発見に基づき、病気の原因を除去するための適切な処置、投薬を行うということである。これをエビデンス・ベースト(Evidence-based)の解決法と呼ぶ。イデオロギー過剰の政治家は、落語に出てくる藪《やぶ》医者のように、主観的な思い込みで因果関係を描き、原因とは無関係な治療をしたがる。エビデンス・ベーストの問題解決がイデオロギーによってゆがめられているという病理が今の日本で実際に起こっていることである。

安倍政権の看板政策であるアベノミクスがその典型である。日銀による異次元の金融緩和は円安につながり、輸出企業を儲けさせたが、富はそこに集中している。賃金上昇、それに伴う消費の増加、さらにそれがもたらす物価の上昇という金融緩和の目的は全く達成されていない。

しかし、日銀は表向きの金融緩和政策の失敗を頑として認めない。

二〇一九年に明らかになった厚生労働省の統計偽装も、イデオロギーによる事実の制圧の一例である。政府の中枢がデータの偽装を指示したかどうかは不明である。しかし、アベノミクスの効果を証明するようなデータが必要だという「問題意識」が経済官庁の担当者の中にあって、抽出調査の処理を操作することによって実質賃金が増加しているという調査が導き出された。

教育の世界でも、エビデンスを無視した、思い込みによる政策の押し付けが現場を混乱させている。第5章で触れる道徳教育はその例である。現在の子供たちの道徳心が低下しているかどうかは、必ずしも明らかではない。警察庁の統計によれば、少年犯罪の件数は戦後一貫して減少している。さらに、文部科学省が作った道徳という教科の教育が子供たちの道徳心の向上をもたらすかどうかは不明である。効果は疑わしくても、政治家が頭の中で思い描く美徳を広めるために道徳教育が行われているのである。

政治家は自分のメンツやイデオロギーを振りかざして、効果不明の政策を打ち上げ、官僚は政治家の意向を忖度して効き目の疑わしい政策を推進する。これが現在の政治家と官僚の役割関係である。

③　人気取りのための政治的多動症

政治家はエネルギーを発揮して、時代遅れの政策や組織を打破、転換することが求められる。しかし、変革を売り物にする政治家は、人気を得ようとするあまり、変更しなくてもよい制度を自己目的的に変革しようとする。

この点は、教育政策の世界でしばしば現れる病理である。日本人は英語が苦手という「常識」があり、それを克服するために幼少期から英語教育を始めるべきだという「世論」が高まった。これをうけて、小学校から英語が正規の授業として導入された。また、大学入試の英語試験においては、読む、書くに加え、聞く、話す能力も必要だという「世論」が高まり、センター試験の英語に代わって英検やＴＯＥＦＬなどの民間の英語能力試験を活用することも決まった。これらに対しては、英語教育や入試の専門家からは、大都市の富裕層の子供は何度も試験を受けられるのに対して試験会場が少ない地方の生徒には受験機会が限られているとか、異なる試験の成績を換算する方法が恣意的であるなど、様々な疑問が出されている。特定の会社の検定試験が高校に売り込みをかけ、入試改革をビジネスチャンスにしようとしているという報道もある。一部の有力国立大学は、受験生の公平の観点から、民間英語試験の成績を入試に採用しないことを決定している。

安倍政権の特徴は、立法事実がないにもかかわらず重要法案を立案し、野党や世論の反対を無視して強引に成立させるという点にある。立法事実とは、新たな法律を作らなければ対処できない問題、課題である。立法事実の欠如の代表例は二〇一五年の安保法制である。集団的自衛権を行使しなければ日本の安全を守れないという新たな現実は存在しないにもかかわらず、憲法違反という批判を無視して安保法制を成立させた。二〇一七年の共謀罪についても同様である。政府は二〇二〇年の東京オリンピックまで持ち出して、テロ対策と称して共謀罪を立案したが、既存の法令で対処できない新たな事実は説明されなかった。

要するに、入試や英語教育という国民的関心が高いテーマについて、あるいは国民の安全保障に関する漠然とした不安に乗じて、政府が「やっている感」を訴えるために、制度を変更することが繰り返されているのである。

ゆがめられた政治主導

本来の政治主導は、政治指導者と官僚がそれぞれの役割、特性を理解したうえで、協力関係を構築することである。安倍政権でこのバランスが崩れたのは、官僚にとって最も重大な人事登用の仕組みを政治的にゆがめたところに原因がある。たとえば、ふるさと納税制度は課税の公平性をゆがめる欠点を伴った制度だが、菅義偉《すがよしひで》内閣官房長官が総務大臣時代に始まったので、菅のお気に入りの政策である。総務省の次官候補ナンバーワンと言われた官僚がこの制度の問題点を率直に批判したところ、菅の逆鱗に触れ、次官昇進の手前で左遷されたという事例があった(『毎日新聞』二〇一七年六月三日等)。この場合、官僚は先に挙げた③のモデルのとおり、制度の公平性の観点からふるさと納税制度の欠陥を指摘したに過ぎない。これに対し、政治家の側は、誤った方向にエネルギーを発揮し、筋論を唱える官僚をパージした形である。

政権のお気に入りにならなければ出世ができないという雰囲気が広がる中で、官僚は政権中枢の政治家の私兵になってしまう。幹部公務員の昇進についてそれぞれの官僚組織の内部で決めるのを避けるために導入された内閣人事局の制度は、二〇〇八年の通常国会で当時の与党自民、公明両党と野党民主党の賛成によって法律化された。国民に選ばれた政治的指導者が行政組織の幹部人事を掌握するという発想自体は、誤っているとは言えない。問題は、政権の長期化の中で与党政治家が独善的な権力核を形成し、そこで人事を差配している点にある。人事政策の決定過程に関する情報公開、第三者による検討など、制度改革を加えなければならない。

3　劣化するリーダーシップ

強権的リーダーが繰り出すポスト真実

二〇一〇年代の世界では、従来の民主主義のルールを無視して、積極的に権力の暴走を推進するリーダーが次々と現れている。暴走するリーダーの続出は、いまや世界的な問題である。その文脈の中で、安倍政治を国際比較の中でどう位置付けるかについては、いくつかの議論がある。ヨーロッパのポピュリズムを研究しているイワン・クラステフは朝日新聞のインタビューに答えて、次のように語っている。

「日本と旧東欧は異なります。一党が政権を長く担ったとはいえ、日本では民主主義が機能しているし、集団意識に支えられたチェック・アンド・バランスが利いている。ハンガリーのオルバン首相と安倍晋三首相には共通点がありますが、同じような流れの中に位置づけるのは間違いです」(朝日新聞二〇一九年三月二〇日朝刊)

他方、トランプ大統領の元ブレーンで、いわば反則プレーによる権力奪取を支えたスティーブ・バノンは、二〇一九年三月八日、自民党本部において同党外交部会の会議で講演し、安倍政権について次のように語った。

「世界中に広がるポピュリストやナショナリストの草の根運動にとって、安倍首相は偉大なヒーローだ。トランプ氏や、（「ブラジルのトランプ」とも呼ばれる）ボルソナーロ氏らよりも前から、安倍首相は先進国のかじ取りをしている初めてのナショナリストだ。トランプ氏がトランプ氏である前に安倍首相がトランプ氏であったとも言えるわけです」（朝日新聞ウェブ版二〇一九年三月八日）

安倍政治の特徴は、同類の政治家に仕えたバノンの方が正確にとらえている。安倍首相が切り開き、トランプ大統領が展開したリーダーシップの劣化は次のようにまとめられる。

第一の特徴は、自分の考えに異様なほど執着する人物が権力者となり、自己を客観視することなしに好き放題をすることである。人間はだれしも子供のころから自己愛を持っている。ただし、成長の過程で親や教師から注意されるなどして、自分の欠点を認識し、自己を相対的にとらえる能力を身に着けるものである。そのような能力に欠けた人物が権力者になると、様々な問題が生じる。特に大きな問題は、異なった意見による討論、対話を認めないことである。自己愛過剰の政治家は自分の主観を絶対化し、他人に押し付ける。予算委員会で自席から野党議員にヤジを飛ばしながら自分の答弁中には野党議員に静かにしろという安倍首相の発言、自分の大統領就任式に集まった観衆が少なかったというマスコミ報道が嘘だと主張したり、二〇一六年選挙において一般投票でも不正投票を除けば自分がヒラリー・クリントンに勝利したと言い張ったりしたトランプ大統領の発言はその典型例である。

第二の特徴は、その裏返しとして、他者からの批判を聞こうとせず、批判する者を逆恨みし、これを殲滅すべき「敵」ととらえて徹底的に叩き潰そうとすることである。近代社会においては、マスメディアと学者・知識人が権力の誤りや暴走を批判するという社会的役割を担っている。それゆえ、自己愛過剰の政治家はしばしば批判的なメディアと知識人を攻撃する。

第三の特徴は、敵とみなした者を攻撃する際に、嘘、虚偽、捏造などあらゆる手段を使うことである。トランプの発言の中に、政敵を攻撃するための様々な嘘が含まれていることは、よく知られている。安倍首相の場合も、東京オリンピック招致のための演説の中で、福島第一原発の現状について、放射性物質に汚染された水はたまる一方で処分の方法が確立されていないにもかかわらず、「アンダーコントロール」と発言した。また、憲法九条を改正して自衛隊の存在を明記する理由として、自衛官の息子が父親に「憲法違反なの？」と聞いたとして、そうした疑念を一掃するために必要だと説明したが、自衛官の息子の発言とされる話は出所のあいまいな伝聞でしかなかった。

この三つの特徴は相互に結びついている。自己中心主義だからこそ批判者を攻撃し、自分は常に正しいと信じるからこそ批判者を攻撃するときに嘘をついても平気である。このように劣化した指導者が権力を行使する時代は、ポスト真実(post-truth)の時代とも呼ばれる。オックスフォード英語辞典は、ポスト真実を次のように定義している。

「〝世論を形成する際に、客観的な事実よりも、むしろ感情や個人的信条へのアピールの方がより影響力のあるような状況〟について言及したり表わしたりする形容詞」(日比嘉高の訳による)

指導者の劣化は、政治家が突然変異を起こしたのではなく、社会の側の変化の反映である。日比は、ポスト真実の構成要素として、①ソーシャルメディアの影響、②事実の軽視、③感情の優越、④分断の感覚の四つを挙げている(津田大介・日比嘉高『「ポスト真実」の時代』祥伝社、二〇一七年)。

校閲や考査が整っている新聞やテレビのニュースと違って、ソーシャルメディア上の情報は玉石混淆である。情報源としてソーシャルメディアに依存する度合いが高まれば高まるほど、真偽不明の情報にさらされることが日常化する。そこから情報の真偽にこだわらない態度が広がっていく。事実の軽視はそのような態度の表れである。また、日比は地球温暖化否定論のような反科学の姿勢の広がりも事実軽視の原因だと指摘する。情報があふれれば客観的な認識を行うことの労力が必要となり、主観と客観の区別も面倒になる。感情の優越とは、見たいものだけを見て、信じたいものを事実と同列視することである。さらに、ネットの普及が閉ざされた小宇宙を作り、社会を分断するという指摘は、前章でも触れた。

このような劣化した指導者は社会のある部分から強固に支持されている。ゆえに、指導者個人を批判しても、リーダーシップの劣化は解決しない。ポスト真実の状況を克服することが、健全なリーダーシップを回復するために必要であるが、終章で改めて考えてみたい。

権力の私物化と家産制国家

リーダーシップの劣化は、権力の私物化をもたらす。特にそのことは安倍政権下の日本で顕著である。この問題は、近代的な法の支配から前近代的な家産制国家への逆行と表現することもできる。

法の支配とは、支配者が権力を行使する際には常に法の根拠に基づかなければならないという原理である。徴税、刑事司法など人権を制約するような権力行使において、特にこの原理は重要である。前近代の国において、国王のわがままや思い付きで財産を没収されたり投獄されたりした経験を経て、市民が権力者に対して、人権を守るためには法に基づいた統治が必要だと迫ることで、近代国家は生まれた。これに対して、家産制とは、文字通り、権力者の私的財物と国家の公共物の区別が存在せず、権力者の私的な目的のために国家の財物を費消したり、権力を行使したりできる体制である。

国有地をただ同然で首相の友人に譲渡し、私人であるはずの首相夫人のために公務員が数名、私的活動も含めて世話役となるという事実を見れば、安倍政権下の日本には、家産制国家の兆候が表れていることがわかる。

また、近代国家における政府指導者と官僚の関係は法に基づく指揮命令関係であるのに対して、家産制国家においては、権力者と官僚の間には身分的隷属関係がある。近代的な法の支配のもとでは官僚は法的根拠のない為政者の指示に従うべきではない。これに対して、家産制国家においては、役人は法に基づいて仕事をするのではなく、主君の私的利害や感情を含めた命令に服従する。主君が「白を黒」と言えば、役人も白を黒と言う。

安倍首相が潔白であることを証するために、公文書が改竄され、官僚は国会で嘘の答弁をする。安倍首相の場合、官僚に対して明示的に腐敗の証拠を隠滅せよという指示をしているかどうか、わからない。明示的な指示がなくても、優秀な家来は主人の心中をおもんぱかって、先取りして主人のしてほしいことを行う。森友学園に対する国有地の廉売について国会で度々虚偽の答弁を行った佐川宣寿《のぶひさ》財務省理財局長（当時）を見ていると、これこそ権力者に身分的に従属する下僕であることだと実感された。これが現在の日本の官僚制である。

不条理劇と化した国会

安倍政治における言葉の無意味化については多くの批判がある。しかし、病理は深刻になる一方である。二〇一八年五月一四日の衆議院予算委員会で国民民主党の玉木雄一郎共同代表が次のような重要な質問を行った。安倍晋三首相は「日米は百パーセント一体」と強調するが、米朝首脳会談において北朝鮮がＩＣＢＭ（大陸間弾道弾）級のミサイルの廃棄を約束すれば米国は本土への脅威がなくなったと満足し、手打ちを行う可能性がある。しかし、中近距離のミサイルが残されれば日本にとっての脅威は続く。この点について首相はどう考えるか。玉木の質問のさなかに麻生太郎副総理がヤジを飛ばし、議場は騒然となった。その混乱の中で時間切れとなり、玉木の質問に安倍首相は答えないままに終わった。

痛い所を衝く質問に対してヤジを飛ばしてうやむやに済ませるということは、議会政治の破壊である。こんな愚劣な人物を副総理に据える安倍内閣は、国会を学級崩壊状態に陥れた元凶である。

現憲法下では、野党議員の質問やメディアにおける政権批判の言論を政府が力ずくで弾圧することはできない。わざわざ力を振るわなくても、相手を馬鹿にし、聞かれたことに答えず、言葉の意味を崩壊させて議論を不可能にすれば、批判する側は次第に疲れ、批判をやめるかもしれない。それこそが政府・与党の狙いだろう。これは安倍政権が発明した二一世紀型の言論弾圧ということもできる。実際に、二〇一六年夏に当時の民進党の岡田克也が代表を退いた時、慰労の会合を持った折、退任の理由を尋ねたところ、「安倍さんを相手に議論をするのが本当に嫌になった」と述懐されたことがある。

政治の現状を見ていると、私は、一九五〇年代にブームとなったベケットやイヨネスコなどによる不条理劇のさなかに放り込まれたように感じる。不条理劇のなかで、登場人物のセリフはかみ合わず、言葉から意味が失われている。安倍首相の森友・加計疑惑について膿《うみ》を出し切るという発言、セクハラは罪ではないという麻生副総理の発言、「記憶の限りでは」という言葉をかぶせれば、どんな嘘をついても構わないといわんばかりの柳瀬唯夫元総理秘書官の発言。どれも不条理劇の中のセリフである。

国民も不条理に対して怒るよりも、それに慣れていく様子がうかがえる。森友・加計疑惑が追及された直後の二〇一八年五月に行われたいくつかの世論調査では、内閣支持率が若干上昇に転じた。疑惑について、人々が政府の説明に納得しているわけではなく、安倍政権が最重要法案と位置付ける働き方改革関連法案についても支持が大きいわけではない。たとえば、朝日新聞の二〇一八年五月の調査では、安倍首相や柳瀬唯夫元秘書官の説明で加計問題の疑惑が晴れたかという問いに対して、「疑惑は晴れていない」が八三％、「疑惑は晴れた」は六％、森友学園や加計学園をめぐる疑惑解明に、安倍政権が「適切に対応していない」と答えたのは七五％、「適切に対応している」は一三％だった。また、働き方改革関連法案は、「今の国会で成立させるべきだ」は一九％、「その必要はない」は六〇％だった。国民は権力者の腐敗や意味不明の政策に対しては批判的ではあるが、それが政権への不信任にはつながらないという状況が続いている。

4　失われた民主主義のガードレール

書かれざるルールと民主主義

日本やアメリカで進む権力の集中と暴走は、クーデターではなく、政党の指導者が選挙で勝利し、合法的に権力を掌握することで起きている。いわば、民主主義のルールを通した強権政治である。ここで改めて、民主主義とは何かを考え直す必要がある。権力を構成する側面における民主主義は、国民が代表者を選び、多数決原理に従って、多数を占める勝者に権力を付託することを意味する。選挙で勝った大統領、選挙で多数党となった政党の党首が権力を持つことは、民主主義の現れである。しかし、民主主義は権力を構成する原理にとどまらない。そもそも権力の構成に国民の意思を反映させるのは、国民が持っている自由や権利を擁護するためである。それゆえ、権力を行使する側面にも民主主義は必要である。

イギリスの文学者、E・M・フォースターは、「私の信条」というエッセーの中で、民主主義について次のように書いた。

「民主主義には二度万歳をしよう。一度目は、多様性を許すからであり、二度目は批判を許すからである」(『フォースター評論集』岩波文庫)

この言葉にあるように、民主主義には多様性を守り、批判する自由を確保することが不可欠である。つまり、民主主義は自由主義と表裏一体でなくてはならない。しかし、安倍政治は、権力の構成の側面だけに民主主義を限定している。そして、権力者が多数決という手続きを通して行った決定に従うことが民主主義だという倒錯した議論で自分たちの行動をすべて正当化している。民主主義が単なる多数決に堕してしまえば、多数の専制が自由を圧殺する。権力の行使において、自由や多様性を擁護するためには、個人の尊厳を守り、他者に対する敬意(respect)をもつという作法を権力者が擁護する必要がある。その点について、考えてみたい。

憲法や法律で具体的に規定された規範を守ることは、民主主義を維持するための必要条件ではあっても十分条件ではない。政治の運用に関する書かれざる規範、文字化されていないルールを守ることも必要である。トランプ政治においても、安倍政治においても、書かれざるルールを無視することが、民主主義の劣化をもたらしている。

アメリカの政治学者、スティーブン・レビツキーとダニエル・ジブラットは、『民主主義の死に方』(新潮社、二〇一八年)の中で、そうした書かれざるルールを「柔らかいガードレール」と呼んでいる。民主主義の指導者が選挙で選ばれたことを唯一の正統性根拠にして権力を好き放題に使えば、個人の自由は侵害される。それを防いできたのがガードレールだが、その中には明文化されておらず、柔らかいものもあると言う。

暗黙のルールは破っても罰はないし、その履行を強制する制度的担保はない。これを尊重するのはいわば紳士、淑女の作法である。サッカーの試合でけが人が出ると、相手チームは、けが人が出て敵が一人減った有利な状況であるにもかかわらず、ボールをライン外にけり出して試合を止める。試合を再開するときには、けが人を出したチームが相手方にボールを渡して再開する。これはルールブックにはないが、選手が共有する常識である。一流の選手は、自分のチームの勝ちを追求するだけではなく、よい試合をすることも追求するからそのようなマナーを守る。政治という活動にもそのようなマナーが必要であり、また今までの政治家はそれを守ってきた。

具体的には、相互的寛容と組織的自制が柔らかいガードレールである。相互的寛容とは、権力をめぐって闘うライバルの政治家や政党を民主政治の担い手として受け入れること、意見を異にし、権力を批判する人々をも民主社会の構成員として認めることである。民主政治における権力闘争は野球の試合のようなものである。試合中は相手を倒すために全力を尽くすが、相手がいなくなればゲームは成り立たない。ゆえに、民主主義のもとで活動する政治家たるもの、反対勢力の存在を受け入れなければならない。また、特定の指導者が率いる政府は民主主義の政治体制の上に存在している。政治体制を支持する限り、特定の政府への批判は自由である。権力者は批判的な勢力も同じ民主主義体制の担い手として認めなければならない。

組織的自制とは、政府権力を握る指導者や政党が、権力の魅力に取りつかれそうになっても、そこまではやってはいけないと自らの欲望にブレーキをかけることである。それは個人の道徳ではなく、政治家という職業に共通していた作法だから組織的であるとジブラットたちは言う。たとえば、かつて、アメリカでは大統領の任期に制約はなかったが、歴代の大統領は二期務めれば引退していた。軍や警察を権力者の私兵として利用し、反対勢力を抑圧することも、民主主義国では基本的には起こらない。明文で禁止されていなくても、民主主義体制を守るために権力者がしてはならないことについて、広範な合意が存在した。

相互的寛容と組織的自制の衰滅

日本においても、相互的寛容と組織的自制の衰滅は進んでいる。

かつての日本では、衆議院の中選挙区制度が政治家の相互的寛容を支えていた。同じ選挙区で自民党の議員と野党の議員が共存していたからである。彼らは、同じ地域の代表として、たがいに敬意を持っていた。自民党の場合、同じ党の議員は常に議席をめぐって争うライバルだが、野党議員は支持者を異にする点で、共存できる競争相手だった。党派を超えた政治家の人脈は、議会運営における妥協や協調の基礎となった。政治ジャーナリストの早野透が書いた田中角栄の伝記によれば、「兄弟が十人いれば一人くらいは共産党もいる」というのが田中の口ぐせであった（早野透『田中角栄』中央公論新社）。

しかし、安倍、トランプ型の指導者は、「柔らかいガードレール」を突き破って権力を使う。小選挙区制が相互的寛容を壊したことは間違いないであろう。また、政権から転落した経験が自民党をより偏狭な権力亡者にした。安倍にとって、野党議員とはともに民主政治を創り出す競争的共存の相手ではなく殲滅すべき敵となる。国会審議における野党議員に対する敵対の姿勢は、相互的寛容の消滅を物語る。また、政府に対して批判的な市民も、安倍にとっては理解不能で騒々しいだけの、「こんな人たち」（二〇一七年七月の東京都議会選挙の際の街頭演説で安倍首相に抗議する人々に対して首相が発した言葉）である。

組織的自制についても、かつての自民党政権の指導者には権力の行使や党派性の発揮を適度に自制するという常識や慣習が存在した。統治機構の中には、専門性や公平性、中立性が特に必要な部門がある。スポーツのゲームにおける審判のようなイメージである。内閣法制局はその一例である。日本の場合、裁判所は法令の違憲審査に消極的であった。それは、最高裁判所のある種の政策の反映であるが、同時に内閣提出法案の場合、立法段階で内閣法制局が法律の憲法適合性について厳格に審査したこととの結果でもあった。憲法秩序の安定のために日常的な立法について憲法との整合性をチェックするという方式が、長年意味を持ってきた。それゆえに、歴代の自民党内閣も内閣法制局の自律性を尊重した。最高裁判所のように憲法上の地位が明記されていなくても、内閣法制局も憲法の番人として政府は扱ってきた。

しかし、安倍政権は集団的自衛権の行使を可能にするために憲法解釈の変更をもくろみ、内閣法制局の人事に介入した。集団的自衛権の行使は憲法九条に違反するという従来の法制局見解を変更するために、長官は内部から昇進するという慣例を破り、山本庸幸長官を最高裁判事に任命し、その後任に外務省国際法局長だった小松一郎を任命した。小松は任期途中で病没したが、その後任に任命された横畠裕介は小松路線を引き継ぎ、憲法九条の解釈を変更した。

このほかにも、日本銀行、報道機関など、専門性と中立性を重視され、一定の自律が認められてきた公的機関に対して、介入、圧迫を加えたことが安倍政権で目立った。専門性を尊重され、自律的に存在している公的機関に介入し、自分の考えを正当化するお墨付きを得る、あるいは公的機関を自分の党派色で塗りつぶすことを躊躇しないところに、安倍首相の手法が表れている。

5　権力抑制のための統治機構改革

国会の強化による行政監視を

第二次安倍政権が七年近くも続く中で、森友・加計疑惑など様々な腐敗が露見し、国会では虚偽の答弁が繰り返された。疑惑に対して国民は納得していないことは明らかだが、政権は致命傷を負うこともなく、平然と支配を続けている。今の日本では、権力分立や抑制均衡原理が作用していないと言わざるを得ない。

アメリカでは、トランプ大統領の暴政に対して憂慮する市民は、二〇一八年の中間選挙で民主党の躍進をもたらし、下院では野党民主党が多数派となった。そして、議会の調査権限を行使して、腐敗や疑惑の追及を行っている。トランプの顧問弁護士を務めていたマイケル・コーエンを証人喚問し、大統領選挙中の腐敗について証言させたことは政権を揺るがしている。これこそが本来の権力分立の効果である。アメリカは大統領制を取っており、議会と大統領を別々に選ぶので、ねじれ状態(英語では divided government)が起こりやすい。

しかし、日本は議院内閣制を採用している。議会の多数派が内閣総理大臣を指名するので、与党は立法権と行政権の二つの権力を手中に収める。それゆえ、行政監視のための国会の役割はもっぱら野党が担うしかない。その事情を説明しておく。

かつて安倍首相が国会答弁で、自分は立法府の長と言ったのも、本人の意図は不明だが、国会の圧倒的多数派の指導者である自分は立法も自由に動かせるという意味では、間違いではない。文書改竄、国有地の不正値引きなどの問題について国会で国政調査権を行使して真相究明をしようという声が上がっても、それはもっぱら野党の主張である。多数を握る与党は行政府の不祥事を追及すれば、自分の足元を掘り崩し、次の選挙で大敗する危険に直結するので、疑惑を隠蔽しようとする。国会法では証人喚問、資料提出要求などについて国会には強い権限が与えられている。しかし、それは国会の多数意思に基づかなければ行使できない。野党がいくら調査権限の行使を主張しても、それは少数意見であり、実現できない。

二〇一七年三月に、森友学園の籠池泰典理事長が衆参両院の予算委員会に証人喚問された。これは、自民党が国政調査権の本質を正反対に理解した結果である。籠池は小学校設立に当たって安倍首相から一〇〇万円の寄付を受けたと発言した。自民党はこれを首相に対する名誉棄損だと反発し、真相究明のために証人喚問を実施した。この事例において、国政調査権は行政府の不祥事を追及するための武器ではなく、行政府の長である首相を批判した民間人を懲らしめるための武器として利用されたわけである。

議院内閣制においては、政権与党は野党に対して圧倒的な優位に立つ。この点について、政治思想史研究者の野口雅弘は、ドイツの法学者、カール・シュミットの『合法性と正当性』(一九三二年)を引用しながら、次のように説明している。与党が持つ「政治的プレミアム(割り増し)」には、官職の配分や「予算を付ける」ことはもちろん、選挙演説の際のヤジの排除から首相の解散権まで、たくさんのものがある。政権党がこうしたプレミアムを徹底的に利用すれば、議会政治の民主的な正統性は失われていく。与野党間の競争が不公平なルールのもとでの出来レースになるからである。シュミットはこのために議会制に見切りをつけた。私たちがシュミットの方向を是としないのであれば、野党を意図的に持ち上げ、競争をフェアにすることが必要になる。そこで、野口は小選挙区制の廃止や野党に対して下駄をはかせる制度(アファーマティブ・アクション)が必要だと述べる(「官僚制の劣化を考える(下)──政党政治の劣化こそ問題」『日本経済新聞』二〇一九年八月八日)。

この点は、一九九〇年代の政治改革の中で十分議論されなかった課題である。すでに説明したように、当時は小選挙区制を導入することによって政党間の競争を実現することが改革の目的であった。当時の改革論には小選挙区が緊張感のある政党間競争をもたらすという予定調和的楽観があった。その競争がある程度拮抗した政党同士による公正な競争となるために何が必要かという課題については、議論は深まらなかった。

日本が制度改革の手本としたイギリスでは、与野党間の競争条件の不平等は認識され、それを埋めるための制度も存在する。政党助成金の配分についても日本と異なるルールがある。政策開発補助金は、政党が作成するマニフェストに掲げる政策を立案する経費に充てるもので、二〇〇〇年法により創設され、年間総額二〇〇万ポンド（約四億二〇〇〇万円）が、各政党に分配されている。配分方法は二つの要素から構成されており、半分の一〇〇万ポンドは政党の大小にかかわらず、対象政党（二議席以上を有する政党）に均等配分される。残りの一〇〇万ポンドは総選挙の得票数等に応じて配分される。本補助金は、選挙委員会が定める支給条件により使途が厳格に制限されており、個々の経費に係る請求に基づき、国が逐次交付する制度となっている（泉水健宏「英国及びスウェーデンの選挙制度及び政治資金制度——海外調査報告」『立法と調査』二八四号、二〇〇八年八月）。また、野党だけに配分する「ショート・マネー」という補助金もある。さらに、議会で野党が自由に議題を設定できる「野党日」という制度もある。

日本の場合、議員立法の立案や質問作成のための資料収集については、衆参両院の議院法制局と国会図書館が議員をサポートする。しかし、政党助成金は議席と得票数に比例して配分され、与野党の区別もない。

国政調査権も実際には与党の合意がなければ発動できない。参議院でねじれ状態を作り出せば、野党が調査権限を行使することもできるようになるが、そうでもなければ国会の調査権限は絵に描いた餅となる。証人喚問は、証人の人権を抑制する可能性もあるので、慎重な運用が必要である。しかし、資料の提出要求は別である。国会法一〇四条では、議院または委員会は官公署等に資料提出を要求できると規定している。これがフルに活用できれば森友・加計問題の究明に大いに役立ったはずである。しかし、資料提出要求が委員会の権限である限り、疑惑解明に後ろ向きである与党がその発動を阻止する。それゆえ、個々の議員あるいは一定数以上の議員の権限とする必要がある。

安倍政権下で進む権力の集中の問題とは、行政府の持つ権力が巨大化する一方で、国会での説明がおろそかにされて国会自身による責任追及が困難になるというアンバランスである。このアンバランスを是正するためには、行政府の応答義務を担保し、国会による責任追及を支える制度の構築が必要である。行政府の説明責任を果たさせるための制度や議員による情報公開要求の根拠づけは野党のみを利するというように見えるかもしれない。しかし、政府与党と野党との対抗関係の中では、野党のみを利するような制度を付加することによってこそ、行政に対するコントロールという国会の役割を果たすことができるのである。行政府における巨大な権力と軽すぎる責任のアンバランスが放置され続ければ、シュミットの主張のように、議会政治に「見切りをつける」気分が国民の間に広がる恐れがある。

司法の独立の回復を

あわせて、権力分立原理の中で行政府の権力をチェックすべき裁判所についても言及しておきたい。裁判所は憲法上独立を保障され、内閣や国会の政策に対して憲法や法律に照らして吟味し、誤りを正す役割を果たさなければならない。しかし、辺野古基地建設をめぐる沖縄県と国の争いや原発再稼働をめぐる争いを見れば明らかなように、国の政策を違憲、違法として否定することは、実際にはほとんど期待できない。裁判所も所詮は巨大な官僚機構である。最高裁判所の長官、判事を内閣が指名、任命する仕組みがある以上、裁判所も人事権を握る内閣の意向を忖度する。

辺野古埋め立て許可撤回の無効を求めて国が沖縄県を相手取って起こした訴訟について、内閣と裁判所が国を勝たせるために裏で通じていたことを、共同通信が配信している。

〔二〇一六年〕一月二九日、高裁那覇支部が代執行訴訟について、今後も裁判で争うなら「国が勝ち続ける保証はない」との和解勧告を示した。耳にした菅義偉官房長官は「一〇〇％勝てるのではなかったのか」と戸惑いを隠さなかった。これ以降、菅氏は関与する人数を絞る。「政府が和解に動いていると分かれば、沖縄県が和解に応じなくなる恐れがあった」と周辺は読み解く。岸田文雄外相、中谷元防衛相、定塚誠法務省訟務局長はメンバーに残った。関係者は「定塚氏は高裁那覇支部の多見谷寿郎裁判長と連絡をとっていたとみられる」と証言する。和解条項には「再訴訟になった場合、判決に従うとともに、その趣旨に従って互いに協力して誠実に対応することを確約する」と明記した。これを根拠に菅氏は再訴訟で勝てば、辺野古移設に司法のお墨付きを得て移設を推進できるとのシナリオを描く――（具志堅勝也「軟弱地盤の設計変更で沖縄県が埋め立て承認を撤回へ」『メディアウォッチ100』第一一三四号、二〇一九年二月六日に引用）

和解を勧告した福岡高裁那覇支部の多見谷裁判長は、訴訟が提起される直前の二〇一五年一〇月三〇日に同支部に異動になった。裁判所は沖縄県の許可撤回を無効にするためにわざわざ多見谷を送り込んだと言っても過言ではないだろう。

こうなると、三権分立どころか内閣の独裁である。この独裁状態を打破するのは、選挙で国民が権力者を更迭することが有効である。同時にまた、長期的な統治機構改革の議論の中で、司法の独立性の強化、行政に対するチェック機能の向上についても考える必要がある。たとえば、裁判官と法務省・検察庁の人事交流をやめること、在野法曹からの裁判官の登用を増やすことなどは、憲法改正を伴わなくても可能である。

第3章　分裂し迷走する野党

この章では、民主主義を支えてきた政党システムの変容について、特に野党の混迷という側面から考えたい。

戦後日本の民主主義においては政党間の競争の側面が欠落して、自民党による一党優位体制が続いた。政権交代の可能性がないことが、政治腐敗や政策の停滞をもたらすという批判は一九九〇年代に広がり、日本でも一九九三年と二〇〇九年に政権交代を経験した。しかし、二〇一二年に民主党政権が崩壊してから、野党の存在感は希薄になり、一党優位体制が復活した感がある。また、国会における法案審議は、政府にとって余計な手間という認識が政府指導者の間に広がり、前章で見たように、国会論戦の空洞化が深刻になっている。

野党を再建し、緊張感のある政党間競争を実現することは、民主主義には欠かせない。一九九〇年代以来の野党再編成はなぜ試行錯誤し失敗を続けているのかが、この章の主要な論点となる。

1　よい野党への挑戦

政党間競争を求めて

戦後日本の政党システムが定着したのは、一九五五年である。この年に、保守合同により自由民主党が結成され、左右に分裂していた社会党が再統一された。この両党が中心となる政党システムを五五年体制と呼んだ。

五五年体制には、自民党内における熾烈な競争と与野党間における競争の不在という特徴があった。前者の特徴は、自民党の結党の経緯に由来する。保守陣営の中には、復古主義的右翼から合理主義的穏健保守まで様々な勢力が存在した。冷戦体制が固まる中、日本では左派側で社会党が成長したことに脅威を感じた保守陣営と経済界、さらにアメリカが保守政党の団結を促した。これにより保守合同が実現したが、自民党に結党以前の保守の多様性は引き継がれた。理念やイデオロギーの対立という面もある程度は存在したが、権力をめぐる競争は熾烈であった。

後者の特徴は、左派政党、社会党の個性に由来する。社会党ではマルクス・レーニン主義が優勢で、議会内政党として政権交代を目指すという路線は、公式には一九八〇年代まで定着しなかった。実際には社会主義革命は不可能であり、社会党は憲法改正を阻止することに自らの存在理由を見出した。初期の自民党が憲法九条の改正を主張していたので、それとの対抗上社会党は憲法擁護の政党として一定の支持を集めた。憲法改正を阻止するためには、国会で三分の一以上の議席を持てば十分であった。ゆえに、社会党は二分の一以上ではなく、三分の一を得て満足し、与野党間での政権をめぐる真剣な競争は存在しなかった。

この二つの特徴を支えたのが、当時の衆議院選挙の中選挙区制であった。この制度では、一つの選挙区から三ないし五(のちに定数是正で二ないし六)の議員が選出された。自民党の候補者同士が保守の票を求めて争い、野党の候補者も居場所を得た。一九六〇年代以降、野党の多党化が進んだが、基本的な政党システムの構図は維持された。

自民党内の熾烈な競争は、派閥の対立や金権腐敗政治をもたらした。政党間の競争の不在は、一党優位を恒常化させた。こうした弊害を是正するために、一九九〇年代に選挙制度改革が行われたわけである。地方における圧倒的な保守地盤を持つ自民党は小選挙区にも対応して生き残っている。これに対して、野党の側では自民党に挑戦する政党の構築をめぐって、試行錯誤が続いている。

民主党の模索

一九九四年末に、細川連立政権を支えた政党のうち、社会党と新党さきがけをのぞいた勢力が新進党を結成した。同党は、一九九五年の参議院選挙で躍進し、比例代表では第一党となった。しかし、九六年の総選挙で敗れ、以後内紛が続き、九七年末には解党した。次に野党の核となったのは、九六年秋に結成された民主党であった。新進党崩壊後、公明党と小沢一郎のグループを除いた勢力は民主党に加わり、九八年の参院選前に改めて民主党が結成された。九八年の参院選、二〇〇〇年の衆院選で議席を伸ばし、民主党は野党第一党としての地位を確立した。

民主党は、自民党への飽きや変化への待望という多くの市民の意思を捉える受け皿として、党勢を拡大していった。しかし、自民党に取って代わるためにどのような政策を訴えるのかという具体的な問いに対しては、試行錯誤を繰り返した。

民主党は様々な政治家によって構成された。九六年にできた第一次民主党を構成したのは、社会党右派と新党さきがけの政治家であった。彼らは基本的に、憲法の理念を擁護し、福祉国家の理念を追求した。その後、拡大民主党に加わったのは、旧民社党、新進党に参加していた旧日本新党や元自民党の政治家であった。これに加えて、二〇〇〇年代以降最初から民主党で当選した政治家も増えていった。出身政党以外の属性で整理すれば、松下政経塾出身、官僚出身、大企業サラリーマン経験者が存在した。彼らの中には、国会議員になりたいが、自分が出たい選挙区には自民党の現職議員がいたため、仕方なく民主党から出馬したという政治家もいた。また、九八年以降に民主党に加わった政治家の中には、改憲論者、新自由主義の信奉者も存在した。自民党が、大企業寄りの経済政策を取る一方で農家や中小企業の利益を擁護し、また改憲を叫ぶ右派がいる一方で護憲派もいるという融通無碍《ゆうずうむげ》の政党であった間は、「非自民」をどう定義するか、野党は悩まざるを得なかった。

小選挙区制は政党の寡占化を促す。自民党は十分大きいため、これに対抗する側が合同しなければ、バランスのある政党政治はできない。しかし、九〇年代以降の政治状況は、冷戦時代のような圧力釜ではなかった。保守や左派の凝集を促す圧力はなくなった。自民党政治に代わる大きなビジョンは一様ではない。また、大きな目標のために小さな相違を乗り越えるという政治的成熟が、野党陣営に欠けていた。かくしてこの二〇年間、野党陣営の側だけで、離合集散が繰り返された。

第一の問題は、野党のモデルをめぐる争いであった。日本で野党の役割を論じるとき、なぜか抵抗と提案という二つの作用が二者択一で論じられることが多い。九〇年代の野党再編は、万年野党社会党の否定から始まったという経緯があるので、少数であることを前提に政府与党の政策決定に抵抗するという野党の戦い方についても否定的な見方を取る政治家が、野党の中にも大勢存在した。しかし、まじめに政策を提案しても、少数野党である限り、実現する可能性はない。与党が賛成してくれれば実現する。一九六〇年代から七〇年代には野党が公害対策の強化や社会福祉の拡充を唱え、自民党政権はそうした批判を受けて政策転換を行った。その結果、自民党の柔軟性や対応力が評価されるわけで、その功績は政府与党に帰することになる。また政府与党提出の法案で野党が極めて有害な法案だと思えば、時間稼ぎなどの方法を駆使して抵抗することも重要である。自民党も野党に転落したときには、そのような意味での抵抗野党であった。もちろん、将来の政権獲得を目指して政策提案を行うことも重要である。実際には、九〇年代以降の野党では抵抗よりも提案を行う野党が高等で、スキャンダルの追及や抵抗を行うのは古くさいという偏見があった。

第二に、民主党が政権を目指す際、質と量の矛盾に常に悩んできた。質とは、自民党政権に取って代わる際の政策の方向性や中身である。量とは、権力を取るための政治家の頭数である。この矛盾とは、方向性を明確にすれば内部で対立、反目が広がり、頭数を増やそうとすればどのような政策を実現したいのか訳がわからなくなるというジレンマである。

二〇〇三年の民主党と自由党の合併は、頭数をそろえるためであった。しかし、二〇〇五年の郵政民営化選挙で大敗したのち、代表に就いた前原誠司が偽メール事件で失脚し、小沢が民主党のリーダーになることで、民主党はその時点では質と量の矛盾を乗り越えることができた。小沢は、選挙に勝つために最も合理的な手段をとること、そして地方や弱者に対する再分配こそ政治の役割だということの二つの信念に関して、田中角栄の正統な弟子であった。そして、この二つこそ民主党に最も欠けていた要素であった。都会出身のインテリ政治家は、メディアを通した好感と、新しいものを希求する風に頼って選挙を勝ち上がる経験をしてきた。彼らは選挙における組織の重要性を理解せず、官僚を攻撃し、政府の無駄を省く「小さな政府」路線に熱心であった。しかし、小泉純一郎が「小さな政府」路線で烈風を巻き起こし、大勝利を収めた後に、同工異曲の政党は必要なかった。小沢が掲げた「生活第一」路線は、実質的には社会民主主義であり、新自由主義に純化した小泉自民党との対決構図を創り出すことに成功した。そして、二〇〇九年の政権交代にまで至った。

しかし、自民党対民主党という二大政党の仕組みは定着しなかった。東日本大震災と原発事故への対応が不十分だったことは、政権への信頼を失わせる決定的な要因であった。しかし、政権運営に失敗しても、その敗因を分析し、自己改革を行って捲土重来《けんどちょうらい》を期していれば、また政権交代の機会はめぐってくる。欧米の政治はすべてそのように展開してきた。日本の政党システムにとって、民主党が内部対立から分裂したことが、致命的な不幸であった。

小沢は、野田佳彦政権が推進した消費税率引き上げは公約違反という大義名分を掲げて離党した。しかし、「生活第一」路線で政策を展開するためには安定財源が必要であり、消費税率引き上げもいずれは避けて通れない課題であった。政策手段の問題を誇大に争点化したことは非難されるべきである。他方、野田政権を支えた当時の民主党主流派も、小沢をつなぎとめるための努力を十分行わなかったことは非難されるべきである。篠原孝など穏健派の議員は、消費税率引き上げについて党所属の国会議員による投票で党としての方針を決め、それに全党員が従うという収拾策を提案していた。しかし、消費税率引き上げは執行部一任というあいまいな方式で決定された。

「生活第一」が理念として民主党の政治家に共有されていれば、消費税は目的を達成するための手段に過ぎないのであり、税率は程度の問題として妥協可能なものにとどまったはずである。理念が共有されなかったことが党の分裂を招いた。政権交代を成就した後も、質と量の矛盾を克服できなかったのである。

2　野党再編の模索は続く

野党協力という新しい潮流

二〇一五年夏の安保法制反対運動以後、野党の再編、提携は新しい段階に入った。安倍政権は二〇一三年に内閣法制局長官の人事を入れ替え、集団的自衛権の行使は憲法九条に違反しないという新しい政府見解を引き出した。それに基づいて、二〇一五年の通常国会にいわゆる安保法制を提案した。これに対しては、広範な国民による反対運動が盛り上がった。

当時の民主党の中には集団的自衛権の行使や日米の防衛協力の深化に賛成する政治家もいた。しかし、岡田克也代表は集団的自衛権の行使は違憲という判断を取り、民主党は共産党、自由党、社民党とともに安保法制に対して徹底的に反対するという路線を明確にした。

二〇一五年九月、安保法制は与党の数の力で成立したが、その後翌年の参議院選挙を見据えて野党の協力を求める動きが始まった。法案成立直後、共産党の志位和夫委員長は国民連合政府の樹立を呼び掛けた。この年の終わり、安保法制反対運動の主軸を担った総がかり行動実行委員会(共産党との結びつきが強い全労連と旧総評系の労組による平和フォーラムが中心となった組織)、安保関連法に反対するママの会、学生たちのSEALDs、私自身も加わっている立憲デモクラシーの会、安全保障関連法に反対する学者の会が集まって、野党協力を求める市民連合(安保法制の廃止と立憲主義の回復を求める市民連合。以下、市民連合)が結成された。安保法制に続き、安倍政権が憲法改正を実現するという危機感のもと、まず参議院で与党、改憲勢力の三分の二を阻止するという運動が始まった。

二〇一六年初めから、参院選、特に三二の一人区において野党統一候補を擁立するという運動が広がった。各野党もこのような市民の声を無視できず、協力を進める機運が高まった。二〇一六年四月、衆議院北海道五区の補欠選挙で、民進党(民主党と維新の党の一部が合同して二〇一六年三月に結成)と共産党が協力して統一候補を擁立し、善戦した。ここから野党協力の動きは決定的となり、同年七月の参院選では三二すべての一人区で候補の一本化が実現し、一一の県で野党系候補が勝利した。

一人区では善戦したものの、改憲勢力の三分の二を打破することはできず、国政選挙に向けた運動は継続することとなった。同年一〇月の新潟県知事選挙で、柏崎刈羽原発の再稼働反対を争点に掲げた野党系候補が勝利したことで、野党協力の有効性は証明された。これにより、次の国政選挙でも、市民主導で野党協力を実現するという機運が続いた。

二〇一六年から一七年にかけて、全国の様々な地域で、衆議院の小選挙区でも野党候補の一本化を求める運動が広がった。しかし、野党第一党の民進党では混迷が続いた。二〇一六年の参院選直後に岡田克也が代表を退き、後任に蓮舫が就任した。しかし、彼女については二重国籍という批判が、右派から浴びせられた。これは、民族差別主義の発想に基づく不当な言いがかりであったが、民進党は対応に苦慮した。そして、二〇一七年七月の東京都議会選挙では小池百合子知事の与党となる都民ファーストの会が躍進する一方、民進党は大敗した。蓮舫は一年足らずで代表を辞任し、代表選挙では前原誠司と枝野幸男が争い、前原が代表に就任した。

民進党の分裂

前原は共産党との協力に懐疑的な保守派のリーダーであった。この間、細野豪志を始め、小池との連携を視野に入れた保守的な政治家が次々と民進党を離党し、前原のかじ取りが注目された。解散総選挙のムードが高まり、候補者調整を急がなければならない状況の中で、市民連合は前原執行部とも協議を重ね、従来の路線の延長線上で、衆議院の小選挙区でも極力、野党候補者の一本化を図るという合意を取り付けた。

九月二〇日に私は前原、辻元清美と会談した。この二人は、二〇〇九年に鳩山民主党政権で国土交通大臣、副大臣を務めて以来、親密な信頼関係を持っていた。辻元はリベラル派であったが、前原代表のもとで役員室長を務めていた。その際、前原は明確に「総選挙の小選挙区では一対一の戦いの構図を作りたい」と述べ、最大の争点は安倍による日本国家の私物化を許さないことだとも言った。また、辻元は、二八〇の小選挙区で他の野党と一本化の調整をしている最中で、共産党は一五の小選挙区で自党の候補を立てることに強硬だと言った。ただし、野党協力はあくまで候補者調整で、政党間の公式の協力ではない、だから野党党首が手をつないで政権交代を呼びかけるというようなイベントはできないとも言った。市民連合が各党に候補者一本化を呼び掛け、個々の野党が市民連合と協定を結ぶブリッジ共闘という形にとどまることはやむを得ないと、私は判断した。

しかし、解散直前のタイミングで、前原は小池と会談し、小池新党、のちの希望の党への合流を決断した。民進党分裂から希望の党の結成、さらには立憲民主党の結成に至る経過を私自身の記録をもとに整理すると、次のようになる。

二〇一七年九月二六日　市民連合を代表して私と数名のメンバーは、四野党の幹事長、書記局長と会談し、総選挙における小選挙区候補の一本化と七項目の共通政策骨子を提言する要望書を手交した。共産、自由、社民の各党だけではなく、民進党の大島敦幹事長からも、基本的に同意できるので、要請の実現に向けて努力したいとの回答を得た。市民連合を媒介とした野党のブリッジ共闘の枠組みができたと私は判断した。しかし、同日夜、新聞記者から民進党の前原誠司代表が、連合の神津里季生会長とともに小池百合子東京都知事と会談するという話を聞き、私の楽観は一転した。民進党執行部は小池新党と連携し、従来の野党協力を解消し、リベラル派を切り捨てるという方針を追求するのかと、私は暗澹たる気分となった。

二七日　小池知事が希望の党代表に就任するとの立ち上げの記者会見が行われた。民進党の総選挙候補者はすべて希望の党から公認を得て立候補するという前原代表の方針が表明された。

二八日　衆議院解散。その後の民進党両院議員総会で、衆議院議員及び候補者がすべて希望の党へ移行して総選挙を戦うという前原提案が了承された。

二九日　小池は民進党からの公認申請者について、憲法、安全保障に関する見解が異なるリベラル派を排除すると明言した。また、希望の党は大阪で維新の党と連携するという方針を明らかにし、辻元をはじめとする大阪府の民進党候補者は希望の党に入ることは不可能となった。これにより、民進党内のリベラル派は無所属で出る、新党を結成するなどの新たな対応の模索を始めた。

三〇日　民進党リベラル派と連合は前原に対して、希望の党の排除方針を撤回させるべく話し合うよう求めたが、希望の党からは反応はなかった。

一〇月一日　新党結成か希望の党への合流かをめぐって、リベラル派の中での模索が続いた。NHKの「日曜討論」で、希望の党の若狭勝がこの総選挙で一気に政権交代を実現することは無理と発言し、この党の戦略が明確でないことが露呈した。

二日　私は、この日の午前一時ごろ、民進党のリベラル派の参議院議員秘書から、新党結成に向けて秘書グループが事務作業を始めたとの電話を受けた。枝野幸男を中心として、リベラル派の新党、立憲民主党が立ち上げられることが公式に表明された。連合も、旧民進党所属の議員について現在の所属にかかわらず、個別に推薦するという方針を決めた。

前原方針が提案されたとき、当初、私はあえて第一報を聞いた時の警戒を捨て、最大限の希望的観測を描いてみた。希望の党にあるのは小池の人気とメディアへの影響力だけであり、総選挙を全国で戦う資金、組織、人材はすべて民進党が提供することになる。したがって、小池の新鮮さをアピールする高飛車のメッセージの陰で、実際には民進党の政治家が希望の党を動かし、この総選挙で一気に自民党を過半数割れに追い込み、政権交代を実現するというものである。のちに排除されることになる辻元と二七日に電話で話したときには、彼女からも潔癖さにこだわって小池との連携を否定するのではなく、この際、一気に安倍自民党を倒しに行くべきだという意見を聞いた。

私は一〇月二日朝、前原自身から電話を受け、最終的にはリベラル派を含めて二〇〇人の民進党候補が希望の党で公認され、基本政策も右翼的な改憲ではない、従来の民進党の路線と矛盾しない表現になると聞かされた。枝野が分派に走れば、そのような可能性はなくなるとも言われた。しかし、候補選定と政策の交渉は極秘裏に行われ、その間希望の党の側から排除の方針が強い言葉で繰り返され、リベラル派にとって希望の党から出馬するという選択はありえなくなった。また、岡田克也、野田佳彦など選挙に強い政治家は前原に反発して無所属で出馬することを選んだ。

以上が、私が見た事実経過である。前原の最大の誤りは、希望の党への合流の手続きについて小池との間で明確な取り決めをしなかった点にある。金も組織も民進党が出すのだから、前原が優位に立って実務を進めることもできたはずである。しかし、表向きは一貫して小池のペースで話が進み、リベラル派は追い詰められた。小池のメディアでの独走を許したことで、前原は失敗した。

この時、自らも民進党から立憲民主党に移って立候補した井戸まさえも貴重な証言を残している（『ドキュメント　候補者たちの闘争』岩波書店、二〇一八年）。民進党の希望の党への合流方針が決まった後、二八九の小選挙区の候補者公認をめぐって希望の若狭勝と民進の玄葉光一郎が選挙対策責任者として折衝した。民進には二〇〇名あまり、希望には一六〇名の候補予定者がいた。若狭は「しがらみがない」ことを候補者の要件として、民進党の現職、元職も必ずしも優先されないという対応をとった。小池が右側にウィングを広げることを重視したため、枝野に近いとされる政治家は、正式決定前に出回った「候補者リスト」からは外されていた。このことが新党結成を促進したことは間違いない。

小池にも大きな失敗があった。それは、首相候補を決めないまま新党を作ったことである。小池が代表になって新党を立ち上げる以上、首相候補には小池自身がなるしかない。しかし、都知事を一年余りで放り出して国政に出ることも大きな批判を招く恐れがある。小池の進退が定まらないまま政権選択を叫んだところで、迫力はなかった。

小選挙区をテコとした野党再編の失敗

民進党の分裂はいくつかの偶然と、指導者の錯誤の結果起こったのだが、長い目で見れば、過去二五年間の政党再編における、大きな野党を作るプロジェクトにおける質と量の矛盾がこのタイミングで露呈したということができる。小選挙区制を導入して以来、自民党に対抗する大きな野党を作る試みがいくつかあり、そのたびに挫折した。日本の場合、社会党の崩壊以後、左派が二大政党の一翼を担う力がなく、左派と自民党以外の保守勢力の提携で対抗政党を作るしかなかった。しかし、政治の基本方針をめぐって軋轢が続き、一体感を欠くという弱さを抱え続けてきた。二〇一七年の総選挙の際には、希望の党という個性の強い保守新党と提携するにあたって、民進党内の食い違いが露呈した。

この分裂は、民進党が当初から抱えていた矛盾が噴出した結果である。この矛盾の起源は、二〇一五年の安保法制への対応と、その後の野党協力路線に対する評価である。前に述べたように、当時の岡田代表は安保法制違憲論に立ち、他の野党と協力する道を選んだ。さらに、参院選では一定の結果を残せたので、野党協力路線を否定することは困難となった。三重県選出の芝博一のように、もともと神職出身で保守派でありながら、共産党を含む野党協力によって勝ち残り、その後熱心な野党協力論者になった政治家もいる。民進党内の保守派は蓮舫体制の動揺を好機としてとらえ、都議選の敗北を奇貨として小池との連携を志向して民進党を揺さぶった。前原は、野党協力路線に乗ると見せて、最後に小池との提携を選んだ。共産党を含む野党協力が本格化する直前で、民進党を右に旋回させたわけである。

しかし、前原と小池の仕掛けは失敗に終わった。小池の排除発言によって希望の党のイメージは急速に悪化した。野党が分裂したことで自民党は漁夫の利を占め、二八四議席と圧勝し、公明党の二九議席と合わせて巨大与党体制を維持した。立憲民主党は結党間もない準備不足の体制ながら、比例代表で一一〇〇万票を獲得し、五五議席で野党第一党に躍進した。希望の党は五〇議席にとどまった。

小差ながら、立憲民主党が野党第一党となったことは、その後の野党の再編成に大きな影響を及ぼしている。希望の党は自民党との違いがわからない政党で、安倍政治に不満を持っている市民にとっては選択肢とはならなかった。立憲民主党の比例票が前回の民主党のそれを一三〇万票上回り、共産党、社民党を合わせて二〇〇万票減ったことから、民主党・民進党のリベラルな支持者と、民主党を離れ共産党などに移っていた進歩的な市民が立憲民主党に投票したことがうかがえる。自民党と希望の党の保守二大政党制では選択肢がないと受け止めるリベラルな市民にとっては、立憲民主党は一縷《いちる》の「蜘蛛の糸」だったのである。

この総選挙の結果、保守二大政党ではなく、自民党に対抗する野党の先頭にリベラル路線の立憲民主党が立つことになった。九〇年代の政党再編以来、野党が悩んできた質と量の矛盾について、民意は質を重視したということができる。つまり、主義主張をあいまいにして数の大きな野党を作ることよりも、立憲主義といういささか古風な理念を掲げた出来立ての政党に野党支持者は期待を集めた。憲法を中心に安倍自民党に明確に対決する野党を求める声が保守二党論をはるかに上回った。

このことは、小選挙区を生き残るという動機だけで野党を糾合する路線が最終的に破綻したことを意味している。今後、政権交代を追求する際には、明確な政策を掲げた野党が選挙協力をして、連立政権を作るという路線をとることになる。枝野は立憲民主党の賭けが成功したことに自信を持ち、かつての民主党のような政党の合併による規模拡大を目指さないという姿勢を明確にしていた。

希望の党に参加し、総選挙を生き延びた旧民進党議員は、希望の党を失敗と総括した。そして、二〇一八年に入ると、希望の党に参加しなかった参議院の民進党議員と民進党勢力の再結集を図った。そして、同年五月に国民民主党を結成した。立憲民主党は野党の中では一〇%前後と、最も高い支持率を維持しているが、若手政治家が多く、国会論戦や政策立案については非力である。国民民主党は一%前後の低い支持率に悩んでいるが、政策能力のある中堅の政治家は多い。また、憲法問題や女性の権利などの人権問題でリベラルな理念を持つ政治家も含まれている。他方、連合内の民間大企業労組の利益代表である議員も存在している。これらの政治家は原発の維持を求めている。国民民主党が何を目指す政党なのか、判然としないことは事実である。

国民民主党のこうしたあいまいな性格は、国民にも見透かされている。二〇一九年七月の参院選で、同党は比例で三議席しか獲得できず、実質的な敗北を喫した。同党には、自民党や維新の党との連携を目指す政治家も存在する。この党を束ねているのは、かつての民進党時代の政党交付金の貯金だけだという冷ややかな論評もある。参院選後、立憲民主党と衆参両院で統一会派を組むことになったが、それは国民民主党にとって唯一の道である。かつての民主党政権で目指した有意義な政策目標をより説得的な言葉で打ち出し直し、国民民主党の有能な中堅政治家が拡大された野党の中で政策論議を主導するということが、同党の財産を生かす方途であろう。

改憲阻止運動の限界

二〇一六年参院選、二〇一七年衆院選、二〇一九年参院選で、市民運動が媒介役となって野党の選挙協力が実現したことは、新しい現象であった。しかし、今までの野党と市民の共闘には大きな限界がある。それは、共闘の目的が改憲阻止、国会における改憲勢力の三分の二を打破するという点に留まることである。野党が共有できるのは、安倍政権の打倒、あるいは安倍首相が推進する改憲の阻止という目標である。しかし、安倍政権を倒してどのような政府を樹立するのか、どのような政策を実現するかについては、明確な合意はない。立憲勢力が国会で三分の一を確保するという目的ならば、共有しやすい。

この点に関して、五五年体制時代の社会党と同じ悩みを今の野党も持っている。三分の一という峰を登ることとは、容易とまではいかないが、二〇一九年の参院選で一応実現した。しかし、三分の一という峰を登っても、二分の一という峰との間には大きな距離がある。昔は社会党が一党で実現していたことを、今はいくつもの野党をかき集めてようやく実現しているというのが現状である。

今の小選挙区という制度の中で自民党に対抗する規模と、政策的基軸を持った野党を作り出すという課題に取り組むことは、依然として大きな課題である。一見、二律背反に見える質と量、つまり政策的な一貫性と政党の規模拡大をどう両立させるのか。今必要なことは、自民党と野党の間で、緊張感のある競争を実現することである。緊張感あるとは、勢力の量における拮抗、政策の質におけるかみ合った論争の二つが満たされていることを意味する。

勢力の量的側面に関して、立憲民主党が野党連合の主軸に成長するためには、革新、リベラルの市民だけではなく、安倍政治に不安・不満を持つ穏健保守層、かつての自民党流の戦後民主主義を支持していた人々の支持を集めることが必要となる、その意味で、枝野幸男代表が自らを保守と規定することは的確な路線である。

そのことは、政策の質における論争の枠組みの構築にもつながる。今の日本政治においては、何を保守するかで大きな路線対立を描くことができる。安倍首相は、戦後体制からの脱却を志向し、彼が考える「伝統」を保守したいと思っているのであろう。これに対して、野党は戦後民主主義を保守するという旗印を明確にすべきである。ここで言う戦後民主主義とは、特に一九六〇年代以降自民党と野党の相互作用の結果定着した路線である。第一に、日米安保を基調としつつ、憲法の枠内での適度な自衛力を持ち、アジア諸国との友好関係を保持する。第二に、市場経済を基調としつつ、ある程度の公平な分配を維持する。かつて自民党の穏健派が追求したこのような路線を掲げる勢力が、現在の自民党に対抗することで、政治の選択肢が生まれる。

かつて自民党内で起こった右派と穏健派の間の権力交代を政党間で起こすというのが、今後ありうる政権交代のイメージである。

3　ポピュリズムをどう考えるか

左派ポピュリズムをめぐる論争

グローバル資本主義が無制約に展開する現代において、特権や不平等に対する庶民の怒りをエネルギーとする強い対抗勢力を作り出すべきだとする議論や運動、すなわちポピュリズムが西欧やアメリカでは広がっている。日本の野党の進路や戦略を考える際に、ポピュリズムから示唆を読み取ることも必要となる。

ポピュリズムを肯定的に捉える代表的論者は、政治学者のシャンタル・ムフである。彼女は、二〇世紀後半の民主主義について次のように述べる。

「（金融資本とそれに結び付く政治家による）少数派支配化が進行した結果、民主主義の理念が持つもうひとつの支柱――平等の擁護――も、自由民主主義の言説から抹消されてしまった。現在、支配的となっているのは個人主義的な自由主義ビジョンであり、これが消費社会と市場が提供する自由を称賛するのだ」（『左派ポピュリズムのために』山本圭・塩田潤訳、明石書店、二〇一九年）

彼女の批判は、イギリスのブレア政権あるいはドイツのシュレーダー政権に代表される、一九九〇年代後半に西欧で台頭した中道左派の動きに向けられる。これらの政党は確かに政権交代を実現したが、グローバル化を所与の前提として受け入れたところに大きな限界があった。雇用の流動化、社会保障支出の制約など新自由主義的な政策を引き継ぎ、政権交代は表面的なものに終わった。シュレーダー政権が行った労働法制改革は経済界が大歓迎した。

一九九〇年代以降、グローバル資本主義が猛威を振るう中、自由の理念から市民的自由がそぎ落とされ、経済的自由、さらに言えば利益追求の自由化が中心となった。無制約な市場原理、競争原理の解放が「改革」と呼ばれ、強者による経済的自由の追求の結果、格差と貧困が拡大した。

二〇一〇年代には欧米諸国を右派ポピュリズムが席捲するようになった。フランスの国民戦線、アメリカのトランプ大統領、イギリスにおけるＥＵ離脱（ブレグジット）の運動は、雇用の劣化、格差・貧困の拡大に対する労働者、中下層市民の反発という共通の根を持っている。これらの運動や政治家は、移民排斥、女性やＬＧＢＴなどの少数派に対する差別など、近代的な人権の理念を否定する言動を繰り返す者が多い。伝統的な民主主義の立場からすれば、これらの運動や政治家は民主主義そのものの破壊につながるので、否定の対象でしかない。しかし、建前に照らして右派ポピュリズムを非難するだけでは、これらの運動は止まらないし、経済の問題は解決しない。

工場の流出によって仕事を失ったブルーカラー労働者、低賃金の非正規雇用で生活に苦しむ人々にとって、グローバル化を正面から批判し、貧困や格差に正面から取り組むことを鮮明にしている政党は、右派ポピュリズムしかないという状況が存在した。だからこそ、生活に苦しむ人々の要求に応える政策を掲げることで、グローバル資本主義に対抗する政治的な戦列を構築するというのがムフの戦略である。

過酷な市場経済に対抗して人間の尊厳と平等を回復するために、政治の世界において直接的な政治行動と、そうした価値を追求する情念を媒介とした新たな連帯の萌芽は存在する。アメリカにおけるバーニー・サンダース上院議員、イギリス労働党におけるジェレミー・コービン党首など既成のリベラルや左派政党を内側から刷新する動き、スペインのポデモス、ギリシャのシリザなど既成政党の外側から出てきた市民運動を基盤とする新たな政党などである。これら左派ポピュリズムにムフは期待を託す。

ここで改めてポピュリズムという概念について考えてみたい。現状の政治が、政治的な既得権者であれ、グローバル資本主義の支配者であれ、特定のエリートに奉仕するものであり、名もなき無力な一般庶民を虐げているという現状認識に基づき、既成政治のアウトサイダーが、自分たちこそが人民(people)を真に代表していると主張して、そうした庶民の不満をエネルギーとして権力獲得を目指す運動、これがポピュリズムの本質である。

その起源は、一九世紀後半のアメリカにおける人民党(Populist Party)である。当時、アメリカでは資本主義が急速に発展し、鉱工業経営者層に富の集中が進んでいた。農民は疲弊し、独占的な鉄道会社が設定する高額な運賃負担に苦しんでいた。ポピュリズムは、そうした農民の不満をエネルギー源に、独占資本に対する規制を求める政治運動として始まった。人民党は第三党だったが、民主、共和の二大政党に大きな影響を与えた。そして、二〇世紀初めに、独占禁止法などの経済規制の実現、政党の民主化による既成政党におけるボス支配の打破などの成果につながった。

ポピュリズムの出現時におけるアメリカの経験は、二一世紀の民主政治におけるポピュリズムの意義と限界を考えるうえで、示唆に富む。ポピュリズムは政治の現状、とりわけ不平等に対する異議申し立てを強烈に提起することが、エネルギー源となった。アメリカ史の泰斗、リチャード・ホーフスタッターは、ポピュリズムについて、次のように述べている。

ポピュリズムは、連邦政府が公共の福祉に対して一定の責任を持っていると主張したアメリカの政治運動のなかで、実際上の重要性を持っていた最初のものであった。それは工業の発展がつくり出した諸問題に対して、重大な攻撃を加えた運動の最初のものだったのである。ポピュリストの不平と要求、そして預言者的な告発は、多くのアメリカ人の胸中に潜んでいた自由主義を揺り動かし、また多くの保守主義者を驚愕させて、彼らに柔軟性を持たせることになったのである。……ポピュリストがわれわれの政治生活に建設的な要素をつけ加えたのは、その具体的な綱領においてであ(った)。(『改革の時代』斎藤真他訳、みすず書房、一九八八年)

当時のポピュリズムは、善と悪の単純な二元論、農本主義的なアメリカの神話に回帰しようとする時代錯誤などの限界を抱えていた。ポピュリストの異議申し立てを受け止めて、具体的な政策転換を進めたのは、セオドア・ルーズベルト(大統領)、ロバート・ラフォレット(ウィスコンシン州知事、上院議員)などの政治指導者であった。それらの開明的な指導者に政策転換を促した点にポピュリズムの意義があった。

二一世紀の初頭においては、ブルーカラー労働者や非正規労働者が一九世紀末のアメリカにおける農民に相当する。人間を単なる労働力として扱い、大企業や富裕層への富の集中を止め処なく進めるグローバル資本主義に対して、不平等と不公正への怒りをぶつけることは政治転換の起爆剤となる。その点で、ムフの言う通り、左派ポピュリズムには大きな役割がある。人々を政治的に動かすには、情念も重要である。

しかし、「正義」を求める情念がどのような方向に向かうかわからないところに、ポピュリズムの危うさがある。本来の国民ではないとして移民や少数民族を社会から排除することや伝統的な道徳から逸脱する少数派の権利を否定することを正義として打ち出すところに右派ポピュリズムの戦略がある。イギリスの政治学者、ジェリー・ストーカーは、ポピュリズムについて、「自分たちがほとんど関わらなくても奇跡を起こしてくれるという一方的な信仰の上に成り立っている」(『政治をあきらめない理由』山口二郎訳、岩波書店、二〇一三年)と述べている。政治はあくまで興奮をそそる見世物であり、自分たちの満足(必ずしも物的なものではなく、情緒的なものであることも多い)をもたらしてくれればそれでよしというのが、ポピュリズムを支える庶民感情である。

正義の定義を慎重に行うことと、ポピュリズムのエネルギーを調達することの両立を図ることが、庶民に奉仕する民主主義の課題である。その際、ポピュリズムの本来の平等志向と民主主義は相互背反的な概念ではないはずである。ホーフスタッターが言う通り、自由主義は経済的強者の自由を尊重することではなかった。自由主義とは、すべての人の尊厳を公平に尊重することも意味していた。

二一世紀の民主主義は、平等を求める庶民感情を受け止め、それを建設的な政策転換につなぐ政治システムでなければならない。イギリス、アメリカの左派ポピュリズムは労働党や民主党という既存の政党におけるリーダーシップの獲得や政策転換を目指している。国政選挙で多数を占めるためには全国的な組織と多くの候補者を揃えることが必要である。政権を獲得できた暁には政府を掌握する人材と能力が求められる。これらの点でやはり、政党という既存の乗り物は今でも意味を持っている。政党に対する市民参加を拡大し、広範な議論を通して平等を回復する政策を確立するという路線を追求することが、民主主義再生の道筋である。

一九年参議院選挙と二つの新党

二〇一九年七月の参院選で注目を集めた二つの新党、「れいわ新選組」と「NHKから国民を守る党」についても、このような観点から検討を加える必要がある。山本太郎が作ったれいわ新選組は、消費税の減税・廃止や奨学金債務の帳消しなど庶民に対する直接的な利益配分を唱える点で、欧米の左派ポピュリズムに近いということができる。この党が発足間もなく、比例区で二三〇万票を獲得できたことは、新たな庶民の味方を求める国民が多数存在することを示している。障がい者、難病患者を比例名簿の特定枠に据え、自分は後ろに回ったことで、山本太郎は議席に執着する既成の政治家とは異なるという信頼を得た。

山本は参議院議員時代、小沢一郎と行動を共にした。原発廃止、集団的自衛権行使の安保法制に対する反対などでは、野党議員の一人として、目覚ましい活動を展開した。二〇一九年の参院選でも山本は各地の野党候補の応援もした。今後、れいわ新選組は野党陣営の一つとして行動することが予想される。

しかし、連立政権を目指して野党協力を進める中で、難問にぶつかる可能性がある。連立政権の政策構想では、安倍政権の政策を転換することが基調となるが、ある程度の現実性も重視せざるを得ない。消費税率引き上げを避ける点で参院選の時の野党は一致したが、仮に政権交代を成就し自ら予算編成をするとなれば、消費税問題では議論が分かれるだろう。法人税、所得税累進課税、資産課税の強化までは野党の主張は一致するが、それでも財源が足りなければどのような対処があるか。れいわ新選組は、財政赤字は問題にならないという新種の金融財政論を採用している。そして、この党は庶民の味方の純粋な政策を売り物にしているので、中途半端な妥協は政党としての信用失墜を意味する。

この難問は、現在のスペインで実際に現れている。二〇一九年の選挙の結果第一党となった社会労働党という既成の左派政党と、第三党となった左派ポピュリスト政党、ポデモスが連立協議を繰り返しているが、妥協が成立せず、再選挙に至る可能性が高い。

消費税率をどの程度にするかをめぐる議論には簡単な答えは出ないだろう。だからこそ、格差の縮小と平等の確保、生活保障のための積極的な財政支出という基本的な方向性を明確に共有したうえで、実現可能な政策を論じる努力を各党が払わなければならない。

NHKから国民を守る党の場合は、右派ポピュリズムの危険な側面が表れている。この党の中心メンバーには、かつてヘイトスピーチを展開する運動に参加した経歴を持つ者もおり、排外主義的な思想の影響を受けている。また、代表を務める人物は各地の地方選挙に立候補を繰り返し、地方議員に当選してもすぐにやめて別の選挙に出ることを繰り返してきた。要するに、まじめな議会人とはいえない。民主主義の常識がこの政党には共有されていない。今回は、NHKの受信料制度を単一争点に据えて、強制的に受信料を取られることに不満を持つ人々の支持を得た。今後、差別や排外主義の単一争点を設定し、新たな排斥の標的を掲げることで、この運動が増殖していく危険もあるのではないか。日本でも、民主主義の基本的価値が自明のものではなくなりつつあるという危機感を持たなければならない時代となった。

第4章　民主主義の土台を崩した市場主義

この章では、民主主義の土台に存在した経済的条件の変化について考察する。二〇世紀後半は、世界的な経済成長と一国単位の経済政策が相まって、生活水準の持続的向上の中で民主政治も安定した。しかし、一九九〇年代以後、経済的条件は急速に変化した。

世界中で市場主義的構造改革、いわゆる新自由主義に基づく経済政策が展開され、それが民主主義の土台を掘り崩している。生活の安定は民主主義に不可欠の前提である。一九三〇年代のドイツにおけるヒトラーによる独裁は、大量失業と破滅的なインフレの発生なしにはあり得なかった。

日本の場合、経済的土台の崩壊が政治の制度改革、政党再編成と同じ時期に起こった。政府機能の縮小が改革として喧伝され、世論の支持を得ながら実現されてきた。二〇〇〇年代には小泉純一郎政権が新自由主義的な政策転換を進めた。二〇〇九年から三年間の民主党政権下では国民生活重視の路線が取られたが、二〇一二年末以降安倍政権の経済政策では実質賃金が低下する中、大企業や富裕層は収益増加、株高の恩恵を受ける一方、生活の苦しさが増す中位、下位の階層が存在する。

国民がなぜ自らの首を絞めるような新自由主義路線を支持したのかを振り返り、経済社会においてどのように公共性を再確立するかを考えたい。

1　なぜ人々は改革を待望したのか

小さな政府が受け入れられた過程

人間が尊厳を持って生きるためには、きれいな水や空気、教育、医療などが不可欠である。これらの財、サービスはお金がなければ手に入らないという市場原理に任せてはならない。空気のきれいな住宅地、質の高い教育や医療が単なる商品になれば、資金を持つ人だけが享有でき、お金を持たない人は手に入らないという格差が生じる。つまり、利益追求の動機で動く市場原理に任せるべきではない公共的な世界が、人間の尊厳ある生活にとって必要不可欠である。

経済学者、宇沢弘文の社会的共通資本の概念がこの説明の鍵である。人間が必要とする衣食住に関する財とサービスは市場を通して商品として供給される。しかし、商品、つまり金もうけの対象にしてはならない財やサービスが存在する。宇沢は、①大気、水、海洋や河川、森林などの自然環境、②道路、上下水道、公園、公共交通システムなどの生活を支える物的基盤、③公的教育や医療などの社会制度を、社会的共通資本と名付け、これらの供給・管理は万人に対して公平、平等に、公的機関によって行われなければならないと主張した。道路、水道、公教育のように政府自身が供給する場合もあるし、環境保護や公的医療保険制度のように政府が厳格なルールを作って営利目的を排除して安定的に供給されるよう監督する場合もある。

一九九〇年代末からの二〇年間、社会的共通資本を取り巻く状況は大きく変容した。この変化を方向づけたのは、二〇〇〇年代前半の小泉政権による構造改革であった。改革すべき旧弊の構造とは何だったのか、実は小泉時代には断片的な例示はあったが、体系的な説明はなかった。ここで改めて、古い構造について整理しておきたい。

九〇年代初期にバブル経済が崩壊し、経済の停滞が予想以上に長引くとともに、戦後の経済成長をもたらしたはずの経済政策の仕組みに対する不満が広がった。九〇年代に入って、政策の失敗や官僚の腐敗が次々と露呈すると、官僚の仕事ぶりに対する批判が高まった。その内容は、次のように要約できる。

- 無駄な公共投資に代表されるように政府による資源配分は無駄が多い
- 行政の過程が不透明で、監督官庁と業界の癒着や既得権がはびこりやすい

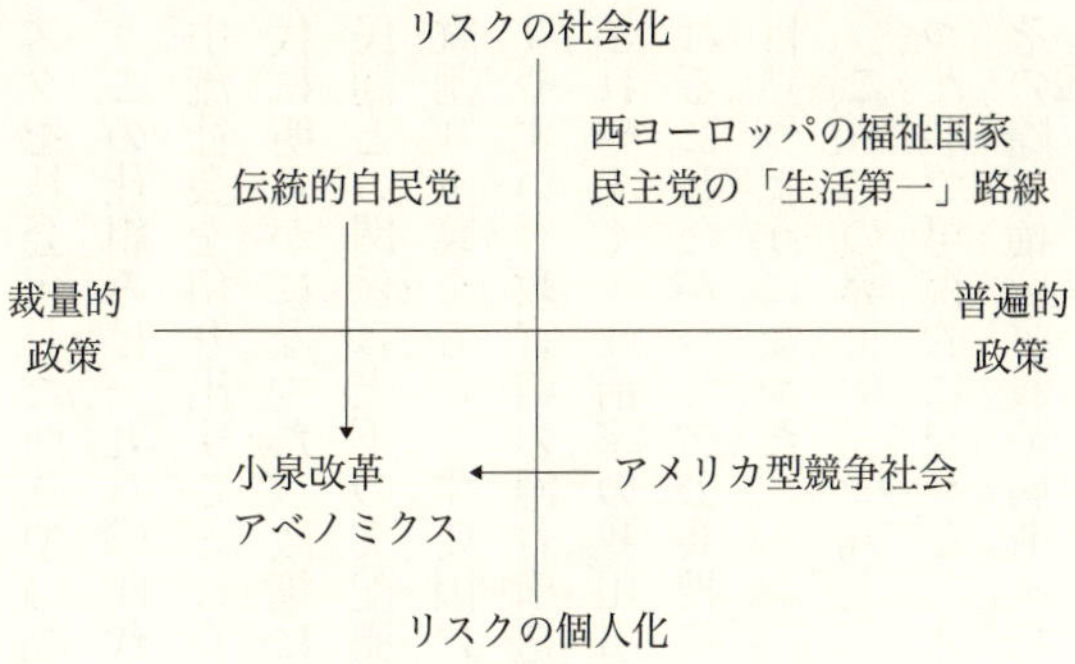

図 4-1　政策分類と政治勢力の位置付け

・規制が多すぎて自由な経済活動の桎梏《しっこく》となっている
・官僚は間違わないという無謬性神話のもとで、時代遅れになった、あるいは誤った政策が修正されない
・官僚組織は縦割りで、省庁の縄張りを超えた問題に対応できていない

筆者が一五年ほど前から使っている図式を使って、これらの問題を整理しておく（図4-1）。戦後日本の社会経済政策は、裁量的政策によるリスクの社会化と特徴づけることができる。自民党政権は市場経済を擁護したが、「国土の均衡ある発展」というスローガンのもと、特に空間的な意味での平等を追求した。その意味で、貧困、失業などのリスクを社会全体で引き受けたということができる。この点で、自由放任のアメリカ型経済モデルとは異なる。その際の政策手段は、社会保障のような制度に基づく普遍的な再分配ではなく、官僚が権限を行使する公共事業補助金、

行政指導による業界保護が重要な意味を持っていた。この点で、普遍的な社会保障によってリスクを社会化した西欧型の福祉国家とは異なった。

この仕組みは一九八〇年代までは機能して、地域格差を縮小し、地方で雇用を創り出し、総中流社会を創り出すことに貢献した。しかし、裁量的政策に伴う弊害も八〇年代末から九〇年代に明らかになった。政策により受益する側は官僚の裁量に依存するので、官僚組織と地方や民間との関係は上下の支配服従関係となる。そこに権威主義がはびこる。これが無謬性神話や縦割り主義をもたらす要因にもなった。また、その実施過程は不透明であり、腐敗の温床となりやすい。政官業の癒着構造を形成したわけである。また、政治的な圧力によって裁量が左右されやすく、政治家の我田引水の競争を助長した。基本的なインフラストラクチャーが整備されるにしたがって、公共投資の限界効用は低下し、経済的な効果を無視した無駄な公共事業が目立つようになった。

これらの弊害は、一九九〇年前後から大規模な汚職、無意味な公共事業、業界の既得権といった形で可視的になった。それゆえ、九〇年代に改革を求める世論が高まるのも当然であった。その際、権威主義や腐敗を打破するためには、裁量的政策の改革が必要だったのである。情報公開、地方分権と市民参加によって利益配分や利害調整の過程を透明化し、公正な政策形成を図ることこそ、真の改革課題だった。もちろん、九〇年代の行政改革の中でも情報公開法や行政手続法が整備され、行政の民主化はある程度進んだ。

しかし、九〇年代後半から二〇〇〇年代にかけて、橋本龍太郎政権、小泉純一郎政権は、リスクの個人化を改革のテーマとして追求した。先の図式に当てはめれば、裁量から普遍へという右方向の改革ではなく、リスクの社会化からリスクの個人化へという下方向のベクトルが改革の方向性とされたのである。政府の活動を縮小し、市場原理によって公共的なサービスを提供すること、裏を返せば自己責任で生きることを人々に強いることが改革とされ、これに反対する者は守旧派として攻撃された。官僚制の失敗が次々と露呈する中で、政府による公共性の実現という理念そのものに対するシニシズムが蔓延したことが、市場主義的な改革が受容されたことの最大の原因であった。

ただし、規制緩和、民営化という新自由主義的な改革は、政治の力と無縁な自由競争を実現するものではない。田中―竹下派型の利益配分は、予算と公共事業、補助金を媒介とし、政治家や官僚が直接的、具体的に関与したものであった。これに対して、小泉政権下で進んだ新自由主義的改革は、ルールの変更による強者への利益配分であった。市場システムとは、所有権の保障から始まって様々なルールの束である。ルールは政治によって決める。二〇世紀においては、労働力という特殊な商品は、それが人間の身体、生命と不可分であることから、一般の財とは異なるルールのもとで取引された。労働関係の規制がそれである。二一世紀に入って経営者は労働力の保護が利益追求にとっての桎梏となるので、規制緩和を求めた。そして、政府に大きな影響を及ぼし、政府の審議会の枢要な地位を占め、我田引水の法改正を推進した。竹下派族議員は我田引水で予算を分捕っていたのに対して、新自由主義的改革を推進した経営者とそのパートナーである政治家は我田引水でルールを自分たちに有利になるよう変更したというわけである。そのルールを伝って流れてくる富が増加すれば、それは正当な取引の結果というふうに一般の人々に映る。図4-1で小泉改革を裁量的政策のリスクの個人化に位置付けているのは、このような政治との結びつきのゆえである。

自民党政治に対して批判的だった進歩派メディアである朝日新聞や毎日新聞も、橋本政権から小泉政権までの一〇年間、田中-竹下派系列の利益配分政治には極めて否定的であった。普遍的な制度に基づく再分配を拡充させせリスクの社会化を推進すべきという問題意識も希薄であった。

そして、こうした世論は、野党にも大きな影響を与えた。二〇〇〇年代に野党第一党になった民主党は、朝日新聞の論調と同じく、族議員や官僚の既得権を攻撃することに熱心で、無駄な公共事業の廃止を売り物にしていた。また、業界保護のための護送船団方式の規制にも否定的であった。したがって、小泉政権の誕生によって民主党はお株を奪われた形となった。民主党の中には西欧の社会民主主義に共鳴する政治家もいたが、党全体として社会民主主義路線を採用するためには、新自由主義的な政治家の失脚を待たなければならなかった。

二〇〇九年の政権交代によって、民主党は高校授業料無償化、子ども手当、農家戸別補償という普遍的再分配政策を開始した。しかし、これらの政策は自民党にバラマキと批判された。現代の政府は程度の差はあれ、大きな政府であり、多数の国民に、政策から恩恵を受ける人々以外が負担した税金を使って様々な財やサービスを提供している。ある意味で、政府の再分配政策はすべてバラマキといってよい。自民党によるバラマキ批判に対しては、自民党は裁量的で不公正なバラマキをしたのに対して、民主党は普遍的な制度に則って公明正大にバラマキをしていると言えばよかっただけである。しかし、民主党からはそのような反論は聞こえなかった。社会民主主義的な再分配の理念が民主党に根を下ろしていなかったことがここで明らかとなった。

アベノミクスの公式――「裁量＋規制緩和＝利権」

第二次安倍政権の経済政策はアベノミクスと呼ばれる。その柱の一つは成長戦略だが、成長を促進するはずの規制緩和は小泉政権時代のそれよりも、徹底的に裁量的であり、新たな利権を作り出している。安倍首相は、いかなる岩盤規制も安倍政権の改革のドリルを免れないと豪語した。岩盤規制とは、医療、農林漁業、教育、雇用などの分野の規制とされた。そして、岩盤規制を壊すための政策手段として、国家戦略特区という制度が多用された。特区とは、経済活動に関する法律の規制を地域限定的に解除し、新規ビジネスの参入を可能にするという制度である。

その特区の実態を毎日新聞が二〇一九年六月に明らかにした。特区の認定と運用を管理するためにワーキンググループ（ＷＧ）が設けられている。報道によれば、その中心的な委員が関与する会社が、特区を申請する企業にコンサルティングを行い、特区申請の指南をして報酬を得ていた。申請者からの要望を聞く会合はＷＧによるヒアリングと位置付けられたにもかかわらず、その情報は公開されず、委員には手当が支払われていた。具体的には、漁業法の規制緩和によって真珠の養殖を解禁してほしい会社からの要望を受け、ＷＧは水産庁に規制緩和を迫った。こうして漁業の持続可能性を確保するための漁業法が規制緩和の対象となった。利害関係者に近い者が審査に関わり、政策決定自体を動かしたという構図である。

特区によって政府に近い者に特別な恩恵を与えるという手法は、加計学園による獣医学部新設でも見られた。文部科学省の方針で獣医学部の新設には厳しい制約がかけられていた。安倍政権は、愛媛県今治市の獣医学部設置のための特区申請を認めて、加計学園に認可を与えた。岩盤規制の打破と言いながら、縁故主義による利権の提供が横行しているところに、安倍政権による規制緩和の特徴がある。

2　「選択と集中」が行き着いた先

原型としての国鉄分割・民営化

日本的再分配が官僚の権益の源になってきたという批判は、九〇年代前半から官僚の威信が急速に低下したことによって、急速に広がった。これらの問題を是正しようとするとき、アプローチは二つある。一つは、公正な社会の実現や人権の保障のために政府が一定の役割を果たすことが必要だという前提に立ち、官僚制の特権性や閉鎖性を是正するという発想である。これは、官僚制の民主化と呼ぶこともできる。もう一つは、そもそも政府に権力や資金を持たせると有害なことにしか使わないという性悪説に立って、政府と市場の境界線を引きなおし、市場の役割を拡大するという発想である。これは公共政策の市場化と呼ぶこともできる。

二〇〇〇年代には後者の市場化型の改革が進められたが、その原型は、一九八〇年代の国鉄分割・民営化であった。この政策は、①鉄道輸送が大都市でも地方でも同じ運賃で利用できるというユニバーサルサービスであることを否定し、②全国一円のネットワーク性を遮断し、③分割された地域の鉄道会社がそれぞれ自由に利益を追求することを正当化し、その結果生じる格差も当然とみなすという点に本質があった。

もともと国鉄は、明治以来、国防と地域開発という政策的観点から路線建設を進めてきた。戦後も地域開発という国策は引き継がれ、採算性は度外視されてきた。道路ほど稠密《ちゅうみつ》ではないにしても、地方の移動手段を保障するという観点から赤字路線も維持されてきた。そして、戦後、純国営から公共企業体に移行した後も、新幹線や大都市圏の路線で黒字を稼ぎ出し、全国的な経営体を維持する方式が持続された。

しかし、地域分割は、そのようなネットワーク性を否定し、大都市圏の路線から地方の赤字路線への内部補助を止めることを意味した。このことは、地域の鉄道会社の間に大きな格差をもたらす。首都圏や近畿圏を管轄する会社にとっては、民間企業となり、過疎地を担当する必要がなくなれば、利益追求の機会は大きく拡大することとなる。他方、北海道や四国など、人口密度が低く、始めから鉄道事業による利益が上がらない地域の会社は、何らかの経常的な補助がなければ会社として存続できないことになる。国鉄分割民営化の際には、北海道、四国、九州の三つの会社について、経営安定基金が設けられ、その運用益で赤字を補塡するという枠組みが作られた。しかし、九〇年代以降の低金利の常態化に伴い、北海道、四国は慢性的な赤字に悩むこととなった。当初の安定基金という制度が依拠していた一定水準の金利という前提条件がなくなったにもかかわらず、国はこれらの会社には冷淡であった。

他方、東日本、東海、西日本の三社は、新幹線、大都市圏の路線という黒字路線を持ち、大都市圏に広大な土地を所有するという利点もあり、鉄道事業のみならず、不動産業、ホテル業、商業施設の展開などにビジネスを拡大して大きな利益を上げるようになった。この本州三社の成功をもって、国鉄分割民営化は成功した改革という国民的イメージは定着した。

地方自治体の苦境

二〇〇〇年代に幅広く展開した公共セクターの改革は、国鉄分割民営化と同じ、ユニバーサルサービスの否定、ネットワークの遮断、自己責任による格差の正当化という特徴を持っていた。特に、地方自治体、国立大学の「改革」がその典型例であった。

地方自治体は、保健衛生、義務教育、上下水道などの生活に必須の公共サービスを、まさにユニバーサルサービスとして提供することを任務としている。そして、そのために、自前の財源が乏しい非大都市圏の自治体に対しては、様々な財源移転が行われてきた。しかし、二〇〇〇年代には地方自治体、特に基礎自治体を大きな政策変化が襲った。まず、政策能力を強化するという名目のもと、市町村合併が推進された。これは、自治体行政の能率性を高めるというねらいのもとに繰り広げられた。しかし、逆から見れば、職員、議員の数を削減することを伴うものであり、役場が地域における最大の雇用源であるような過疎地においては、経済的需要の減退を加速する政策であった。

また、二〇〇〇年代中ごろには、地方交付税が大幅に削減された。地方交付税とは、主として大都市地域の富から徴収した国税の一部を、税収が足りない地方自治体に一定の公式に沿って分配する制度である。自治体が全国一円のネットワークであることを前提に、ユニバーサルサービスを実現するために保障される財源だと言ってよい。しかし、小泉政権は地方分権、三位一体改革の名のもとに、交付税を大幅に削減した。

この時代の分権は、過疎地には窮乏化する「自由」を与えた半面、東京を中心とした大都市圏には、大規模開発により利益を追求する自由を与えた。特に東京では、高層ビルの建設を核とした再開発事業が相次ぎ、バブルの再来状態となった。

二〇〇八年にはいわゆるふるさと納税制度が始まった。これは、納税者が納税先の地方自治体を選択して寄付をすれば、住民税率が一〇%の所得階層の人については寄付金額から二〇〇〇円を引いた金額が住民税から控除される(控除額は寄付者の所得によって異なる)という制度である。この制度は、市町村が住民以外の人々から寄付金を集めるために高価な返礼品を送るという競争を招いた。これも、自治体間に競争原理を持ち込み、税収集めを自治体の自助努力に任せる政策ということができる。

さらに、二〇一四年からは、安倍政権の鳴り物入りの地域政策、地方創生事業が始まった。これは、地方交付税のように自動的に自治体に交付される財源ではなく、自治体が企画を立て、国に申請し、審査を経て、採択された自治体に対してのみ交付される資金である。民間の「自治体クリップ」というサイトでは、次のように説明されている。

この交付金は自治体が策定した、地元活性化の事業に関する目標数値を自治体自らが設定し、それを国が精査して具体的な交付金額が決定される仕組みです。そして、事業の進捗状況を国や地域住民が検証することによって、事業の見直しや交付金の内容が変更になる場合もあります。事業の進捗状況の検証は、「ＫＰＩ（重要実績評価指標）」、および事業活動の管理業務を円滑に進める手法である「ＰＤＣＡサイクル」の確立を推進させる効果もあります。(https://clip.zaigenkakuho.com/chihososei_koufukin_yoken/)

そして、交付金の内容については、次のように説明されている。

地方創生推進交付金の支援対象は、大きく分けて「先駆タイプ」、「横展開タイプ」、「隘路打開タイプ」の三つのタイプがあります。……先駆タイプは、自立性、地域間連携、政策間連携、官民協働等のすべての要素を含む事業で、期間は五年以内です。交付金額は一つの事業につき国費二億円で事業費ベース四億円といわれています。横展開タイプは、先駆的かつ優良事例の横展開を図ることによって地方創生を深く掘り下げ、底辺を広げる事業という定義です。期間は三年以内で、交付される金額は一つの事業あたり国費五千万円で事業費ベース一億円です。隘路打開タイプは、既存事業の隙間を発見し打開するための事業で、期間は三年以内、交付金額は一つの事業あたり国費五千万円、事業費ベース一億円

といわれています。（同前）

要するに、一般財源が減っている自治体は一件一億円程度の、自治体にとってはそれほど大きくもない資金のために企画を考え、「創意工夫」を凝らさなければならない。同じようなジリ貧の自治体が、わずかな予算をめぐって競争に投げ込まれるのである。上記の説明にあるように、資金獲得競争のルールとして、自治体の政策について業績評価、数値目標が強調される。本来ユニバーサルサービスであるべき公共サービスは効率化になじまないものが多い。しかし、それを無視して数値目標を強調すると、弊害を招く。このことについては後で触れたい。

大学の苦境

大学も自治体と同じような状況に落とし込まれている。大学進学率は近年上昇し、約五〇％にまで上昇したものの、大学教育は義務教育と違って、ユニバーサルサービスではない。それでも、戦後の教育制度改革の中で、最低でも各県に一校国立大学が設立され、全国どこでも国立大学で教育を受ける機会は開放された。二〇〇〇年代の公務員削減策の一環として、国立大学は二〇〇四年に独立法人に移行した。この政策の目的は、大学に対する政府のコントロールを弱め、各大学の主体性を強化し、自由、活発に研究、教育の刷新に取り組む点にあるとされた。そして、国立大学時代の安定的財源である基盤校費という概念はなくなり、大学は政府から給付される運営費交付金と授業料収入、および寄付や事業収入(主として知的財産の活用が想定されている)によって経営することとなった。

しかし、運営費交付金は二〇〇四年度から、効率化係数と称して、毎年一%ずつ、一〇年にわたって削減されてきた。これは、地方自治体に対する地方交付税の削減と同じ性質の政策である。かつては、有力な卒業生・同窓会や大企業とのつながりを持たない地方大学に対しても、教員や学生の定員などに応じて研究、教育を行うための基本的な予算は計上されてきたが、法人化以降はそれが保障されなくなったのである。そうなると、大学は自助努力による財源確保を迫られることとなる。運営費交付金を削減する一方で、文部科学省は、科学研究費をはじめとする競争的資金のメニューを用意し、各大学、研究者に企画を立てさせて、「創意工夫」を凝らすよう求めた。まさに地方創生の大学版である。

この仕組みは、意欲と能力を持つ研究者・研究機関に資源を集中することで研究教育の成果を上げるという、「選択と集中」の路線に沿ったものである。しかし、弊害はきわめて大きい。競争的資金は長くても五年を単位とするものであり、研究者は常に資金獲得のための企画の立案に忙殺されることとなる。また、本来研究機関で雇用すべき、主として若手の研究者を期限付きの研究費で雇用することが一般化し、若手研究者の待遇は著しく悪化した。また、基礎的な研究よりも、産業技術などに応用可能な分野に注目が集まり、学問分野間のバランスが崩れた。そして、予算不足にあえぐ大学の中には、図書費の削減、人件費の削減などに踏み切る所も増えた。人類の知的遺産を引き継ぐという大学の役割を、二一世紀の日本は国策として否定しようとしている。

利益、効率追求がもたらす本末転倒

同じようなことは、農業の世界でも起こっている。農業の基本的な使命は、国民に食糧を供給することである。しかし、安倍政権下では稼ぐ農業が称揚される。一個数万円もするマンゴーを作る農家がもてはやされる一方で、基幹的な穀物の生産は軽視される。TPP（環太平洋パートナーシップ協定）やFTA（自由貿易協定）を推進する路線、さらにトランプ政権による農産物輸入の拡大要求に応えようとする姿勢が示す通り、安価な外国産の穀物を輸入すればよいというのが安倍政権の政策である。また、安倍政権は水道法を改正した。地方自治体が安定・確実に水を供給することよりも、水道事業の運営を受託した民間企業が水を売って利益を追求することを優先させるのである。

鉄道、地方自治体、国立大学の三つの分野では、選択と集中、つまり稼ぐ能力のあるものに対する自由の拡大、稼ぐ能力のないものの淘汰という路線の果てに、業績評価を行うもの（JRの場合は株主と市場、自治体と大学は中央政府）に良い点数をつけてもらうことに担当者は腐心するようになった。それは、本来業務にしわ寄せを及ぼし、もっぱら評価されるための新奇な企画にエネルギーを投入するという倒錯現象が起こっている。

繰り返すが、公共機関の仕事は、ある意味でルーティンであり、新奇さのないものである。大学では、人類の知的遺産を継承して、若者を知的に育てることが教育の目的である。自治体は住民が必要とする公共サービスを安定的に提供することを第一の任務とする。そして、こうしたルーティンを十年一日のごとく持続することの意義を否定するのが、新自由主義による公共部門への攻撃の特徴である。

鉄道会社は地域住民に低廉な移動手段を提供することを本来任務としている。しかし、たとえば株式上場を果たし、民営化の優等生とされるJR九州を見ればわかるように、利益を上げるためには、本来の鉄道事業を縮小させて、不動産、土地開発、ホテルなどの事業を拡張することが合理的な経営戦略となる。また、鉄道事業では、地域住民のための在来線の便数の削減や駅の無人化が進む一方で、富裕層向けの観光専用超豪華列車が運行され、もてはやされる。また、災害で鉄道線路が破壊されると、それを奇貨としてJRが復旧工事を拒み、そのまま赤字ローカル線を廃止に追い込むという事例もいくつかある。

選択と集中という国策は、選択されなかったものが淘汰されることを当然含意している。JR北海道がその典型例である。同社は、経営安定基金の運用益がほとんど見込めない状態が続く中、保有する路線の四割近くについて経営を継続することはできないという、衝撃的な報告を出した。ゼロ金利の時代が続く以上、経営安定基金を補塡する公的資金の投入がなければJR北海道という会社は存続できないことは当然である。しかし、政府は二〇一八年七月、暫定的に二年間で四〇〇億円程度の支援を行うと同時に、JR会社法に基づいて監督命令を出し、再建に向けた改革を求めるとした。赤字をもたらす構造的な原因を無視して自助努力を求めるのは、単なる精神論である。今の政府は、逆境で公共サービスを提供する主体には、兵站なしでの戦いを命じる。まさにインパール作戦を立案、指揮した日本陸軍と同じである。

3　はびこる官僚主義と無責任

官僚主義の病理と新自由主義の親和性

コストカットと競争原理を基本的推進力とする改革の中身と帰結をこのように整理すると、一つの疑問がわいてくる。そもそも改革は官僚組織の弊害を是正するために行われたはずである。改革を囃すキーワードには、自立、自己決定、自治などという、上からの官僚支配を否定する言葉がちりばめられていた。しかし実際には、上級官庁のおぼえをめでたくするための作文競争に自治体職員も大学人も駆り立てられている。形だけ立派な企画書が作られる半面、本来業務が劣化していくというのは、昔からある官僚主義の病理そのものである。官僚主義を否定するための新自由主義的な改革は、なぜ官僚主義の病理をさらに強化するのか。

新自由主義の発想では、仕事を評価する際に、具体的で数量的な目標を設定し、それに照らして職員の業績が評価される。また、社会の厚生は利益、さらにはGDPの大きさで測られる。官僚主義を排すると称して、公共セクターの組織にこのような管理手法が導入されると、従来定性的な評価を受けてきた公共サービスや研究、医療などの活動についても数量的な評価基準が適用される。主観性や定性的な要素を排除するという発想で組織や人の働きを評価すると、本来疑似的な評価尺度が実体的な尺度に変質する。義務教育の学校における教育の成果は学力テストの平均点で測られ、博物館や美術館の存在理由は観客動員数で測られる。

このような定量的、客観的な評価基準の設定という点で、新自由主義は官僚制の病理の一つである「目標の転移」と結びつく。目標の転移とは、官僚組織において本来の政策目的が閑却され、手段だったはずのものがそれ自体目標になるという病理現象である。たとえば、日本の通産省・経産省が推進してきたエネルギーの確保という政策において原発は一つの手段であったが、いつしか原発の維持、拡大がそれ自体目標とされるようになった。そして、送電線の空きがないと称して既存の電力会社が再生可能電力の接続を拒否する事例に示されるように、原発の持続を妨げないように再生可能エネルギーには不利な条件が課せられた。この種の目標の転移は枚挙にいとまがない。

新自由主義は数値化、さらには金銭への換算こそが価値のすべてであるという傲慢な単純化を持っている一方、官僚主義は手近な目標がとりあえず自分にとってのすべてとみなすという怠惰な単純化を基調としている。動機はそれぞれ異なるが、疑似的な目標のために邁進することを人間に要求する点は同じである。どちらの発想でも、今この瞬間に目先の目標を最大限達成すれば高い評価が得られる。したがって、自分たちが所属しているシステムの持続可能性や社会への影響はすべて視野の外に追いやられる。

二〇一九年七月、郵政民営化の結果生まれたかんぽ生命で、職員がノルマを達成するために主として高齢者の顧客をだまして不利な契約を押し付けるという悪習が広がっていたことが明らかになった。また、ゆうちょ銀行でも貯金が集まっても運用先がないため、高齢者を相手に強引に投資信託を売り付けていたことが明らかとなった。郵政民営化は小泉政権による新自由主義的改革の象徴である。民間企業の発想によって官僚主義の悪弊を打破したはずであった。しかし、実際に起こっているのは、利益追求という動機付けによって一層加速された官僚主義の悪弊である。そこでは、疑似目的を達成するためには顧客に損失を及ぼすことも平気という道徳の崩壊が広がっている。

こうした病理の淵源を考える際に、ヒントとなるのが國分功一郎の議論である（大竹弘二・國分功一郎『統治新論——民主主義のマネジメント』太田出版、二〇一五年）。彼は、経営学者のピーター・ドラッカーの議論を紹介しながら、国家の仕事を単純な新自由主義のモデルに還元することの愚かしさを指摘している。ドラッカーは国家のマネジメントの必要性を主張したが、それは単に政府の役割を小さくして市場に任せるという話ではなかった。ドラッカーの議論の重要性は、国家のマネジメントを「効率性（efficiency：財サービスの生産をめぐる投入と産出の比率）」ではなく、「有効性（effectiveness：目標値に対する政策の実績値の比率）」で考えた点にある。ドラッカーは、新自由主義的な発想は「経済合理性」の名のもとに、有効性ではなく、効率性ばかり考えているところに問題があると指摘している。

政府の仕事を改革する際に、効率性の向上のみを志向するならば、投入に見合う高い産出を追求できるとは限らない。特に、政策に投入できる資源が制約されている場合、むしろ政策自体を縮小して、投入に見合うよう産出を削減することによって見かけ上の効率性を維持するという安易な方法が採用されることが多い。ここで重要なことは、改革の目標として有効性をきちんと位置付けることである。

ドラッカーが国家のマネジメントにおいて有効性を重視したのも、国家が果たすべき、あるいは国家でなければ果たせない目標を達成するために、目標をいかに適切に効率的に実現するかという観点からである。政策の立案、実施の体制を改革する際に、有効性だけを目標とすれば、高い目標に向かって無限に資源を投入する病理も起こりうる。資源制約のもとでは効率性も無視できない。効率性だけを追求して、安上がりで貧弱な政策を実現するのではなく、有効性も重視して、本来の政策目的を達成するための効率化を考えることが、改革の理想である。

小さな政府と無責任な政府

新自由主義的構造改革によって政府の役割を縮小していくことと並行して、政府の劣化が進んだ。政府とは市場がもたらす弊害や矛盾を是正するために存在するはずである。しかし、二〇〇〇年代以降、市場における経済活動の結果は正しく、政府がこれに介入することは悪いという風潮が強まった。そうなると、政府は世の中の問題から目を背け、責任回避を図るようになる。

日本の権力機構の本質を「無責任の体系」と特徴づけたのは、丸山眞男である。彼は、満州事変以降の日本政府が戦争への道を転げ落ちる過程を分析し、主体的に政策を立案、決定した当事者がどこにもおらず、既成事実が積み重ねられ、組織の空気に逆らえないという自己規制が蔓延する中で、無謀な政策が形成され、戦争の泥沼から抜け出せなくなったことを指摘している。

この病理を私の言葉で整理すると、「現実からの逃避」と「権限の限定」の二つの態度が無責任の体系を構成している。世間で「エリート」と呼ばれる人間にとって、現実をありのままに見ることは難しい。高い学歴をもって政府や大企業の指導的地位に上り詰めた人々にとっては、現実を正確に認識することは金や権力を手放す危険につながりかねないからである。そのことは、昭和の戦争の時代も、現代日本も同じである。戦後の右肩上がりの経済成長の時代は楽観論で物事を見られる幸運な時代だったが、九〇年代以降の停滞期には現実から目を背けることが政策の失敗の原因となった。

起きてほしいことが起こる、あるいは起きてほしくないことは起こらないという自己中心主義的な前提で政策立案を進めたことが失敗の原因である。この種の手前勝手な前提が崩壊し、政策の失敗が明らかになれば、政策を立案、推進した者の責任が問われ、地位や権力を失うことになる。それゆえに、誤った政策を推進した者は、できる限り現実の否認を続けていくのである。

権限の限定とは、政策の誤りや失敗が明白になっても、それを是正する作業を怠るという不作為を正当化する論法である。戦争責任が問われた時、指導者はかつて自分が就いていた役職の権限をあえて狭く定義し、自分を無力な存在にすることで、責任を免れようとした。これは、特に戦後には水俣病、薬害エイズ事件などに関連して、問われた問題である。チッソ水俣工場による有毒な排水の垂れ流しにしても、ミドリ十字による非加熱血液製剤の放置にしても、監督官庁が規制の権限を積極的に行使して問題の発生を未然に防いだり、問題の拡大を防いだりすることができたはずだというのがそこで問われたことである。

この点を最も的確に衝いたのが、水俣病被害者の川本輝夫の傷害事件をめぐる東京高裁の判決である。川本は、チッソに補償を求める自主交渉派のリーダーであり、交渉の過程で会社側の関係者に暴力を振るったとして逮捕、起訴された。一審の東京地裁は有罪判決を出したが、二審の東京高裁は、検察官による起訴裁量権の行使が著しく不公正であるとして、起訴そのものを無効とする公訴棄却という画期的な判決を出した。その判決文の一部を引用する。

さて、水俣病の前に水俣病はないといわれ、その原因究明に年月を要した水俣病であるが、はたしてこれを防ぐ手だてはなかったであろうか。……当初奇病といわれた段階から一五年間も水銀廃液が排出されている状態を放置しておかなければならない理由は見出せない。熊大研究班による地道にして科学的な原因究明が行われた経過の中で、熊本県警察本部も熊本地方検察庁検察官もその気がありさえすれば、水産資源保護法、同法等に基づいて定められた熊本県漁業調整規則、工場排水等の規制に関する法律、漁業法、食品衛生法等弁護人が引用する各種の取締法令を発動することによって、加害者を処罰するとともに被害の拡大を防止することができたであろうと考えられるのに、何らそのような措置に出た事績がみられないのは、まことに残念であり、行政、検察の怠慢として非難されてもやむを得ないし、この意味において、国、県は水俣病に対して一半の責任があるといっても過言ではない。

チッソという大企業を前に、環境破壊の責任を追及し、被害者を保護するという行為を行政関係者が起こさなかったことを、この判決は厳しく非難している。その後、水俣病に関する国の責任を問うた行政訴訟においては、国がチッソの排水を止めなかった不作為が違法であるとして、被害者の救済を命じる国側敗訴の判決が最高裁で確定している。また、薬害エイズ事件では、当時の厚生省生物製剤課長がエイズウイルスに汚染された非加熱血液製剤の回収、廃棄を命じなかった不作為は、業務上過失致死に当たるという判決が出た。

現在に続く「無責任の体系」

無責任の体系は戦後も生き続け、二一世紀に入っても、幾多の失敗は生かされず、同じような間違いを繰り返している。特に、福島第一原発事故において、無責任の体系は大きな問題を引き起こした。巨大津波の可能性に関する地震学者の警告を無視して、非常用電源の水没を招いたことがメルトダウンや水素爆発をもたらした。
二〇〇六年一二月二二日、共産党の吉井英勝衆議院議員からの質問主意書に対する答弁書で、当時の安倍晋三首相は、地震などで外部電源が失われた際の冷却機能の維持の体制、津波の際に原子炉冷却のための非常用電源喪失が起こる可能性に関する質問に対して、次のように回答している。

我が国の実用発電用原子炉に係る原子炉施設(以下「原子炉施設」という。)の外部電源系は、二回線以上の送電線により電力系統に接続された設計となっている。また、重要度の特に高い安全機能を有する構築物、系統及び機器がその機能を達成するために電源を必要とする場合においては、外部電源又は非常用所内電源のいずれからも電力の供給を受けられる設計となっているため、外部電源から電力の供給を受けられなくなった場合でも、非常用所内電源からの電力により、停止した原子炉の冷却が可能である。

我が国において、非常用ディーゼル発電機のトラブルにより原子炉が停止した事例はなく、また、必要な電源が確保できずに冷却機能が失われた事例はない。

地震、津波等の自然災害への対策を含めた原子炉の安全性については、原子炉の設置又は変更の許可の申請ごとに、「発電用軽水型原子炉施設に関する安全設計審査指針」(平成二年八月三十日原子力安全委員会決定)等に基づき経済産業省が審査し、その審査の妥当性について原子力安全委員会が確認しているものであり、御指摘のような事態が生じないように安全の確保に万全を期しているところである。

希望的観測によって現実から目を背け、机上の空論によって十分な対策を取っていると国会や国民を欺いたことが、原発事故を招いたことは明らかである。第一次安倍政権が作成したこの答弁書を書いたのは、経産省の官僚である。彼らは、現実から逃避し、安全対策のための権限を行使しないという不作為を決め込んだ。その際、電力会社に余計なコストをかけさせないという利益追求が安全よりも優先された。利益至上主義の発想もまた、無責任の体系と結びつくのである。そうした体系の上に乗っていたのが安倍首相だった。彼は官僚の無責任を見破ることができず、それを内閣の責任者として追認したのである。

さらに、この事故にもかかわらず、安倍政権は原発輸出を成長戦略にしている。そして、ウエスティングハウスを買収した東芝によるアメリカでの原発事業、三菱重工によるトルコへの原発輸出、日立によるイギリスへの原発輸出はことごとく失敗し、撤退が決定している。それにもかかわらず経産省は原発輸出の失敗を認めていない。二重、三重の無責任の体系が、原発政策について存在している。

これらの官僚制の病理と新自由主義の関係について付言しておきたい。新自由主義は市場における利益追求と自由競争の結果を是認する考えである。政府の政策による関与を原理的に排斥することは新自由主義の必須の条件ではない。むしろ、一般的なイメージとは反対に、新自由主義は政治との関わりなしにはあり得ない。大企業経営者や一部の経済学者が一般市民にはない影響力を用いて政策を動かし、規制緩和、民営化、公有財産の払い下げなどを推進することは新自由主義の一環としてなされている。原発の場合、純粋な市場原理ではビジネスとして成立しないことは、東芝や日立の失敗から明らかである。それゆえに、現代の新自由主義者は損失のリスクを国家に押しつけて、利益だけを追求しようとする。民間企業におけるモラルハザードに伴うリスクを政府が吸収するのだから、新自由主義と無責任の体系には親和性があるのである。

プロクルステスのベッド症候群の持続

無責任の体系のもう一つの構成要素は、プロクルステスのベッド症候群である。この話は、ギリシャ神話の一つである。プロクルステスという追剝《おいはぎ》は、山中で旅人を捕まえ、自宅のベッドにくくりつける。ベッドより小さい人であれば手足をベッドに合うよう引き伸ばし、ベッドからはみ出す大きな人であれば、はみ出す手足を切り落とすという残虐な趣味を持っている。この話は、人間は自分があらかじめ持っている枠組みに合わせて、現実の方を伸縮するという認識におけるバイアスを警告する寓話である。

これは認識の落とし穴というだけでなく、日本官僚制における公害被害者に対する救済策にも当てはまる。それは、まず水俣病に対する救済策で現れた。水俣病発症のメカニズムが解明され、チッソと国の責任が明らかになって、国は何らかの救済策を作らざるを得なくなった。そこで、国は水俣病の認定制度を作った。水俣湾の魚を食べ、身体の不調を訴える人々に対して健康診断を行い、水俣病の患者と認定された人について医療費補償、慰謝料の支払いなどの救済策を講じるという仕組みである。その際、手足のしびれ、運動障害、視野狭窄など複数症状の組み合わせを水俣病認定の必須の条件とした。医学者の中にはこの要件を批判する声もある。しかし、認定制度は一貫して維持された。この制度から漏れた患者が裁判によって救済を求め、勝訴している。

水俣病患者の救済策を考えたとき、官僚は被害が余りにも広範囲で多数にのぼるため、まともに救済していけばいくら予算が必要になるか、不安に思ったのであろう。救済を放棄するわけにはいかない。しかし、被害の実態に合わせて救済策を構築すれば、国家財政を圧迫する恐れがある。そこで、救済策の対象となる患者を絞り込む、認定制度を考え出した。プロクルステスの狭いベッドに当たるのが、複数症状を必要とする認定制度である。狭いベッドからはみ出す患者は、未認定患者として切り捨てられた。官僚が仕事をしたふりをするうえで、プロクルステスのベッドは便利である。

同じことは、福島第一原発事故の被害者への救済策でも繰り返されている。事故の後、放射能汚染が深刻で、居住できない地域に住んでいた人々に対しては、移転のための補償が行われた。その後、放射線量が下がると、帰還困難区域の指定は解除され、帰還政策が推進された。それとともに、避難者に対する住宅費の補助は打ち切られた。狭く設定された帰還困難区域がプロクルステスのベッドに相当する。そこからはみ出す人々は、「自主避難者」と呼ばれる。つまり、好き好んで避難している人々とみなされ、政策的な救済の対象とならない。

安倍政治においては、政治主導と無責任の体系が結合している。原発事故の記憶を抹消したい安倍政権は、プロクルステスのベッドを最も弱い立場の人々に押し付ける。そして、原発事故に責任を負うべき官僚や企業を免罪する。杜撰《ずさん》な政策で多くの被害者を放置しても、政府は仕事をしているふりができるのである。安倍首相は、政策の失敗という批判を受けると、自分は国政選挙で勝利し、国民の支持を得ていることを理由に、自分の政策を正当化する。実際に政策を作成する官僚は、政権に恭順である限り、責任を問われることはない。国民が政策の失敗や権力行使の非違を糾《ただ》すという意思を持たない限り、民主主義の手続きも無責任や開き直りを助長する結果をもたらす。

第5章　個人の抑圧、崩れゆく自由

個人の尊厳が否定される風潮は、近年顕著になっている民主主義への脅威である。民主主義を支えるのは、自分の意思で自由に考えて行動する個人である。個人が正確な情報を得て、自由に思考することから民主主義は始まる。しかし、安倍政権のもとで教育における権力的統制が強まり、個人の自由は圧殺されようとしている。報道機関に対する明示的、黙示的な抑圧も進行している。さらに、社会にはヘイトスピーチなど、差別的な言動がまき散らされている。表現の自由について、権力による上からの抑圧だけでなく、いわば社会における横からの抑圧も無視できない力を持つようになった。

個人の尊厳を基盤とした民主主義をいかに回復するか、民主主義の大前提である基本的人権、とりわけ思想の自由、言論・報道・表現の自由をいかに擁護するか、さらに民主主義の担い手を育てる公民教育をいかに構築するかを考えるのが本章のテーマである。以下、自由そのものが脅かされ、教育が統制されている実態について追跡したい。社会における自由が圧迫されれば、政治参加の委縮という効果を及ぼす。その圧迫の様々な形を明らかにしたい。

1　「いやな感じ」の正体

自由に対する攻撃

安倍政権が長期間続く中で、日本は本当にいやな社会になったと思う。「いやな」というきわめて主観的な形容詞で安倍政治を批判することは、本書にふさわしくないと言われるかもしれない。しかし、政治や社会の劣化を具体的に指摘した挙句には、いやなという総合的な評価を下すしかない。全体主義と軍国主義の道を転がり落ちた一九三〇年代の経験とはこのようなものだったのではないかとさえ想像する。実際、その種の出来事が続発している。

いやさを感じさせた最近の事例としては、国際芸術祭「あいちトリエンナーレ二〇一九」に対する一連の動きがある。二〇一九年八月一日に始まった「あいちトリエンナーレ」の企画の一つとして、これまで他の展覧会で出品を拒否された作品を集めた「表現の不自由展・その後」という展覧会が開催され、そこに従軍慰安婦問題のシンボルとされる「平和の少女像」などが展示された。これに対して、河村たかし名古屋市長が一日に「日本国民の感情を踏みにじるもの」として、撤去を求めた。そして、大阪府知事、大阪市長も同様の発言をした。二日午前の記者会見では菅義偉官房長官が「補助金交付の決定にあたっては、事実関係を確認、精査して適切に対応したい」と発言。また柴山昌彦文部科学大臣も補助金の問題に言及したほか、自民党の保守系議員でつくる「日本の尊厳と国益を護る会」(代表幹事・青山繁晴参議院議員)も、少女像について「公金を投じるべきでなく、国や関係自治体に適切な対応を求める」との声明を出した。自民党の国会議員が同様の発言をした。

展覧会事務局には少女像撤去を求める脅迫が相次ぎ、大村秀章愛知県知事は三日に、安全を確保できないとして、「表現の不自由展・その後」の中止を表明した。前月に京都アニメーションが放火され多数の死者を出した事件を念頭に置いた「ガソリン携行缶をもっていく」という脅迫が中止の大きな引き金となった。

この事件には、次のような問題が含まれている。

① 少女像を反日の象徴とみなし、その排除を叫ぶ歴史修正主義による特定の表現への攻撃。

② 公金による補助を理由に政府や政治家が芸術、学問の表現活動に対して介入するという表現の自由の危機。

③ 政治家の発言に扇動されて一般市民が暴力をちらつかせて他者の表現を抑圧するという抑圧運動の社会的な広がり。

それぞれについて、検証したい。

① 歴史修正主義の蔓延

第一の問題は、戦前の日本が行った植民地支配や侵略戦争、およびそれに関連する様々な人権侵害について、事実ではないと否定する歴史修正主義が政治家の世界にも蔓延していることである。

日本の場合、戦後五〇年の村山談話で過去の戦争や植民地支配を反省し、当時の自民党もこれに合意している。二〇一五年一二月の従軍慰安婦問題に関する日韓合意に関し、岸田外相は共同記者発表において「当時の軍の関与の下に、多数の女性の名誉と尊厳を深く傷つけた問題であり、かかる観点から、日本政府は責任を痛感している」とし、「安倍内閣総理大臣は、日本国の内閣総理大臣として改めて、慰安婦として数多《あまた》の苦痛を経験され、心身にわたり癒しがたい傷を負われた全ての方々に対し、心からおわびと反省の気持ちを表明する」と述べた。その意味で、日本政府は歴史修正主義の立場ではない。日本政府が国際社会で「名誉ある地位」を占めたいと思うなら、歴史観について世界標準を共有するのは当然である。

自国の過去の犯罪について、その存在自体を否定する歴史修正主義は、ドイツにおけるホロコーストの否定にあるように、日本だけの現象ではない。ドイツの場合、歴史修正主義者は、政府、議会などの公的世界には存在を許されない。しかし、日本では歴史修正主義が公的世界で野放しである。少女像の撤去を求めた河村名古屋市長は、かつて南京大虐殺はなかったと発言して、批判を受けた。河村市長や大阪府知事、大阪市長、さらにかなりの数の自民党政治家は慰安婦について、当時の日本政府が強制して従事させたわけではなく、韓国等の批判は根拠がないと主張している。

安倍政権が歴史を真摯に直視し、自国の過去の誤りを反省するならば、身内の政治家の歴史修正主義を厳しくたしなめ、歴史認識を共有するよう求めるべきである。歴史事実の議論においては、あれもあるこれもあるではなく、真偽があるだけである。公式の場で過去の日本国家による人権侵害を謝罪しても、与党やその周辺の有力政治家がそれを否定する発言を繰り返すから、日本は反省していないという疑念が払拭されない。従軍慰安婦をめぐる論争を紹介した記録映画『主戦場』を見ればわかるように、安倍首相に近い言論人や政治家が従軍慰安婦は単なるビジネスとしての売春婦だったというキャンペーンを行っている。安倍政権の幹部の歴史認識に対する真剣さが疑われても仕方ない。

②　表現の自由の危機

安倍政権の首脳や一部の自治体首長は、公金による支援を受けた芸術や学問の活動には制約があると主張する。しかし、この種の発言をする政治家は表現の自由の意味を全く理解していない。公金の補助を受けた学者や芸術家は政府を批判してはならないというならば、国立大学のみならず、助成をもらっている私立大学の教員も政府を批判してはならないという話になる。この論理を徹底すれば、政府が税金によって設置、運営している図書館や博物館を利用している者も政府批判はできなくなる。

政府が提供する図書館、博物館等の文化的インフラや芸術、学問に対する補助は、その時に政権を担っている党派の恩恵ではない。学問や表現に関するルールを共有するという前提のうえで、芸術や学問の世界で多様な表現や議論が活発に行われることが社会全体の利益となるからこそ、政府は文化の支援政策を展開している。学者や芸術家は時の政権に恩義を感じる必要はない。政府が文化的な活動の中身に干渉しないことこそが、表現の自由の意味である。「あいちトリエンナーレ」の件でも、大村秀章愛知県知事は公費を使う企画であるからこそ表現の自由を守らなければならないと発言した。最近の政治家には珍しい見識である。

日本の言論において、近年「反日」という言葉が頻繁に使われるようになった。日本国家の過去の罪業を批判する議論だけでなく、それを事実として認識する議論に対して、歴史修正主義者は反日というレッテルを貼る。さらに、安倍政権に対して批判的な議論も十把一絡げに反日と呼ばれる。そして、反日的な芸術、学問に公金の援助を与えるなという主張が吹き荒れる。

この問題には、私自身が巻き込まれた。私は、憚《はばか》ることなく安倍政権を批判してきた。同時に、過去二〇年ほどの間、人文社会系としては大きな額の科学研究費を得て、研究を行ってきた。この二つの事実の間には関係はない。しかし、右派の政治家や言論人は、反日学者に研究費を与えるのはけしからんと騒いだ。もちろん、研究成果や研究費の使途については何の瑕疵《かし》もなく、騒ぎは沙汰止みとなった。私だけでなく、従軍慰安婦問題についてフェミニズムや歴史学の観点から学問的な研究を行っている女性研究者に対しても同様の攻撃が行われた。これらの騒ぎの中心にいたのは、自民党の杉田水脈衆議院議員である。彼女は、二〇一七年の衆議院選挙において、自民党の中国ブロック比例名簿に登載され、当選した。彼女の登用は自民党執行部の強い意思の反映である。それゆえ、安倍政権や自民党が表現の自由、学問の自由をどこまで擁護しているか、疑念を持つことには十分な理由があるのである。

これらの騒ぎは、一九三五年の天皇機関説事件を想起させる。この時、右翼団体や一部の政治家が、気に入らない学者の主張を、反国体的と称して排撃して、美濃部達吉の著書を発禁に追い込んだ。さらに、独立心をもって批判的な言論を展開するほとんどの学者を沈黙させることに成功した。その後、日本では戦争を批判する主張が著しく困難となり、破滅の道を進む結果となった。「一億一心」の全体主義を作るためには、学者やジャーナリストの自由な言論を封じ込めることが不可欠であった。

現代日本では、国体という言葉は使われないが、前述のように政府に批判的な議論を政治家が平然と「反日」と呼ぶようになった。今のところ学問の圧殺は未遂に終わっている。表現の自由、学問の自由が憲法で保障されている現在、学者が忖度して口を閉ざしてはならない。表現の自由を守る方法は、自由に表現を続けることである。それにしても、いやな感じは残り、それを払拭するためにはかなりの覚悟が必要とされる時代になったことも事実である。

権力による自由の圧迫の事例としては、二〇一九年七月の参院選の際、安倍首相が札幌で遊説した際にヤジを飛ばした市民を警察が実力で排除した件も重大である。民主主義国の権力者が街頭で演説をする際には、歓声を上げる市民だけではなく、抗議の声を上げる市民も集まるのが当然である。ヤジは下品だとか討論のルールを無視したものだから排除されても当然という議論もある。しかし、街頭の演説には様々な声が飛び交うのが自由社会である。この点について、憲法学者の阪口正二郎は次のように書いている。

政治家の街頭演説も、それは政治家が一方的に演説し、市民はただ行儀よくそれに静かに耳を傾ける場だと位置づけられるべきではない。そもそも、民主主義の下で政治家は批判されることが当たり前であり、市民が政治家と直接コミュニケーションできる機会は少なく、街頭演説は貴重な機会である。

そうした場における市民を「行儀のよい」「聞き手」として位置づけるべきではない。市民にもまた、貴重な直接のコミュニケーションの機会として「話し手」になる機会が保障されるべきであり、よほどのことがない限り、政治批判としてヤジを含めたある程度荒っぽい表現方法が認められるべきである。(「「表現の不自由展」中止と「ヤジ排除」 不寛容な日本社会の深刻な状況」『現代ビジネス』二〇一九年八月一四日)

警察が抗議の声を上げた市民を排除する際には、犯罪や選挙運動の妨害などの違法行為が存在しなければならない。札幌での一件については、法的根拠は存在しない。警察による市民の排除は、権力の乱用であり、違法の疑いが濃い。法に基づかない実力行使を放置すれば、言論の自由はさらに圧迫されていく。これは決して小さな事件ではない。

③　抑圧運動の社会的な広がり

自由を抑圧するのは、公権力だけではない。同じ社会に生きている無名の市民も抑圧に加わる。あいちトリエンナーレの件でも、匿名の脅迫や嫌がらせが展覧会中止の原因となった。この他にも、従軍慰安婦問題に関する記事を書いた元朝日新聞記者が講師を務めていた大学に脅迫、嫌がらせが殺到し、教員や学生が脅威にさらされたこともある。また、朝鮮学校への公費助成を求めた弁護士に理由のない懲戒請求が大量に提出された事件もあった。

こうした現象は、ソーシャルメディアの普及によって容易に引き起こされるようになった。弁護士への大量懲戒請求の事件では、ネット右翼の間で人気のあるブログが弁護士への懲戒請求を呼び掛けたことが発端であった。このブログを読んだネット右翼からある弁護士に対して九五八件の懲戒請求が出された。普通の市民は弁護士に対する懲戒請求の方法は知らないものだが、このブログでは懲戒請求の雛型まで用意して、読者を扇動した。極端なナショナリズムや他民族に対する偏見を持った人間が自分の頭の中で妄想をめぐらせることは防ぎようがない。ソーシャルメディアの普及は、そうした妄想を現実の行動に駆り立てる効果を持つ。妄想を持つネット右翼が、同じ考えを持つ人間が他にも大勢いて、それらが実際の行動に打って出ると思えば、自分も嫌がらせや脅迫に踏み出すようになる。

政府が万一検閲を行ったなら、検閲された側は憲法に基づいて政府の行動を撤回させる闘いを起こすことができる。しかし、匿名の市民による妨害に対しては、有効な対抗策はない。「あいちトリエンナーレ」の場合も、脅迫に屈せず展示を続行し、実際に狂信的なネット右翼が展覧会場でテロを起こしたならば、主催者の責任が問われる。

行政が主催者の場合、この種の脅しについては事なかれ主義に陥る傾向がある。しかし、表現の自由を抑圧する動きに対しては、毅然として対抗することが必要である。脅迫や威力業務妨害という犯罪を構成する行為であれば、警察に捜査を求め、刑事責任を追及することが必要である。理由のない懲戒請求や名誉棄損があれば、民事上の賠償責任を追及することが必要である。民族的偏見や歴史修正主義の妄想を持つこと自体を説得によって改めることは不可能かもしれない。その種の偏見を違法な手段で実行に移せば、民事、刑事の責任が追及されることを思い知らせることが当面の対策となる。

もう一つ重要なことは、首相をはじめとする公職者が、他者の尊厳や自由を侵す行動や発言に対して厳しく非難を加えることである。権力者が脅迫や嫌がらせについて明確な非難を発しないならば、妄想によって行動する排外主義者や歴史修正主義者は、権力者が自分たちを暗黙の裡に是認していると思い込み、勢いづく。これは、トランプ政権下のアメリカでも、白人至上主義運動の活発化という形で、実際に起こっていることである。菅官房長官は記者会見で、「表現の不自由展・その後」の中止について、「一般論として脅迫はあってはならない」と述べた。なぜわざわざ「一般論」という修飾語を付けるのか。権力の側の自由に対するあいまいな姿勢が、社会的な抑圧を助長しているのは日本もアメリカと同様と言わざるを得ない。

こうしたいやな状況は、戦前の軍国主義の時代を想起させる。永井荷風、清沢洌《きよさわきよし》、桐生悠々《きりゅうゆうゆう》など、満州事変から日中戦争、太平洋戦争に至る十数年を生きた知識人の日記を見ると、今と極めて似ていると感じる。たとえば、永井の日記『断腸亭日乗』の記述を読めば、戦前回帰という議論が決して誇張ではないことがわかる。

日本人の口にする愛国は田舎者のお国自慢に異らず。その短所欠点はゆめゆめ口外すまじきことなり。歯の浮くやうな世辞を言ふべし。腹にもない世辞を言へば見す見す嘘八百と知れても軽薄なりと誹《そし》るものはなし。この国に生まれしからは嘘でかためて決して真情を吐露すべからず。富士の山は世界に二ツとない霊山。二百十日は神風の吹く日。桜の花は散るから奇妙ぢや。楠と西郷はゑらいゑらいとさへ言つて置けば間違はなし。押しも押されもせぬ愛国者なり。
隣の子供の垣を破りておのれが庭の柿を盗めば不届千万《ふとどきせんばん》と言ひながら、おのれが家の者人の家の無花果《いちじく》を食ふを知りても更に咎《とが》めず。日本人の正義人道呼ばはりはまづこの辺と心得置くべし。（一九四三年七月五日）

2 教育に広がる画一化

「星野君の二塁打」

かつての戦争中と異なり、今の時代、服装や髪形についてまで政府が干渉することはあり得ない。しかし、生き方や価値観について、それとわからない形で方向づけようとする動きが、安倍政権下で進んでいる。特に学校教育がそうしたキャンペーンの場となっている。

二〇一八年度から小学校で、二〇一九年度から中学校で道徳が正式の教科となり、検定を受けた教科書が使われ、教師は児童生徒の道徳について評価することとなった。中学校の学習指導要領では、道徳科の内容として二二項目があげられている。その中には、「自主、自律、自由と責任」「向上心、個性の伸長」「公正、公平、社会正義」「よりよい学校生活、集団生活の充実」「我が国の文化と伝統の尊重、国を愛する態度」「国際理解、国際貢献」などがあげられている。それらは一般論としては大事な徳目で、特段文句をつけるべきものではないように見える。しかし、教え方によっては、画一主義を子供に押し付ける可能性がある。

小学校六年の複数の道徳教科書に採録されている「星野君の二塁打」という物語がある。この中で、星野君の少年野球チームは隣町のチームと一点を追いかける試合をしていた。最終回の七回裏、チャンスで星野君の打席になった時、監督はバントの指示を出す。しかしその命令に納得できないままにバッターボックスに入った星野君は、絶好球が来たのでバントのサインを無視して強振し、二塁打を打ち、チームを逆転勝利に導き、市内野球大会出場を決める。しかし、星野君はヒーローにはならなかった。翌日、練習に集まったところで、監督は選手たちに次のことを告げる。いくら結果が良かったとはいえ、チームで決めた作戦であるバントのサインを破ったことは「チームの作戦として決めたことは、絶対に従わなければならない」という規則を破ったことになる。規則を破り、チームのまとまりを乱した者を、大会に出すわけにはいかない、と。

この物語から、教師はどのような徳目を教え、子供たちはどのような教訓を学ぶのだろうか。素直に読めば、集団の中での規律は重要だという教訓を引き出すのであろうが、それを強調すればよい、監督の命令に従うことが大事だという話に発展し、さらに、上司や政府の指示には従わなければならないという話にも広がる可能性もある。折しも、二〇一八年五月六日に行われた日本大学と関西学院大学のアメリカンフットボールの試合で、日大の選手が「(相手のクォーターバックを)潰せ」という監督の指示に従って、プレー終了後に危険なタックルをしてけがを負わせるという事件が起こった。自分で考えることを放棄して、「チームのまとまり」を最優先することを徳目として教え込むならば、学校も、社会も間違った指示にあらがう力を失ってしまう。

もちろん、野球におけるチームプレーの強調が選手に反則行為をさせることにつながるというのは飛躍した議論だという反論もあるだろう。まさに、自分に下された指示や命令の中身が適切なものかどうかを自分で判断する能力を涵養《かんよう》することこそ、道徳教育の目的でなくてはならない。そこには安直な答えはないはずである。これは、ハンナ・アーレントが『イェルサレムのアイヒマン』で問題にした「凡庸な悪」につながる大問題である。命令に従ってホロコーストに加担したアイヒマンが有罪か無罪かが問われたのだが、アーレントは自分で考えることを放棄して命令に従ったアイヒマンは有罪であると述べ、そのような悪を凡庸な悪と呼んだ。

チームの規律と個人の判断の葛藤はそれほど大きな問題だということを道徳教育の担当者は

理解しておかなければならない。現場の先生が「星野君の二塁打」という教材を使う時に、問題のそうした広がりを子供たちに懇切に示し、考えさせることを期待するしかない。しかし、懸念がある。現在の道徳科においては、評価が要求されている。さすがに五段階などの定量的な評価ではないが、先生は子供の道徳心について記述による定性的な評価をしなければならない。評価作業を楽にしようと思えば、教材から読み取るべき教訓について「正解」を決め、それに従う子供に良い評価、正解に反発する子供には悪い評価をつけることも起こりうる。

近年、大企業における製品検査の結果の改竄や不正経理が横行している。銀行で融資審査を通過するために虚偽の預金残高を書類に書き込んだり、政府における公文書の改竄やデータの捏造が頻発したりするなど、官民を問わず虚偽、捏造の犯罪が続いている。それは、それぞれの現場の担当者が上司の指示あるいは組織の空気に従って実行した犯罪的行為である。指示、命令の妥当性について自分で考えることができない人々が役所にも企業にも横溢していることで、このような問題が起こる。道徳教育がこのような問題意識に基づいて、自分で考え、判断できる個人を育てることを目指しているのだろうか。この点については、懐疑的にならざるを得ない。

る。

公共性をどう理解するか

小中学校における道徳科の新設に連動して、高校では従来の現代社会に代わって公共という科目が新設される。そこでは、道徳教育を踏まえて、国家や社会を構成する人間を育成することを目指すことになっている。この点について、教育学者の中嶋哲彦は次のように指摘している。

生徒が将来主権者として、また社会の構成員として、自立して責任ある行動が取れるようにすることは、学校教育の目標の一つです。しかし、学校教育を通じて、特定の価値観や生き方を押し付けることがあってはならないと思います。学校教育の役割は、生徒が、教科の学習を通じて、この国と社会の主人公として必要な知識や概念を獲得し、自分自身で価値観を選択し、自分自身の生き方を探り当てることができるよう手助けすることにあるはずです。

さらに、「公共」の学習内容を見ると、現在の「現代社会」で扱っている「基本的人権の保障」や「平和主義」が削除されています。これらは、この国と社会を成り立たせる基本原理です。これをしっかり認識しているか否かで、個人の生き方は大きく違ってきます。

なぜこれらを削除するのか、私には理解できません。（「新高校学習指導要領の問題点」NHK「視点・論点」二〇一八年四月二日）

社会を構成する人間になるための教育内容から基本的人権の保障や平和主義が排除されているとはどういうことか。このことは、今の政府が「公共（public）」という概念をどのように理解しているのかを物語っている。本来の公共とは、市民が自由に議論し合いながら、徐々に発見していく価値である。自分も他者も、社会の中で自由に、尊厳をもって生きていくために、お互いに共通する価値や利益を見つけ出すのが公共の発見である。もちろん、現実の世の中にはそのような予定調和はないので、価値や利益をめぐる葛藤は常に存在する。それでも、話し合うことによって、それぞれが自分の意見を修正し合いながら、より多くの人にとって受け入れられる結論を見出す態度こそ、公共的市民が社会に参加する時に持つべき態度である。

公共の学習指導要領では、自立的な主体として社会に参画することが目標として提示されている一方で、自国を愛することも強調されている。そこでいう愛国心が、より良い国を作るために時の権力とも闘うという能動的なものであるなら、自立的な社会参画とは矛盾しない。しかし、この言葉は日本の教育の具体的な文脈に当てはめて考えなければならない。

二〇一八年二月、前文部科学事務次官の前川喜平が名古屋市立の中学校の招きで、総合学習の時間で講演を行った。前川は加計学園問題に関連し、獣医学部設置認可に対して首相官邸の関与があったことを告発したことがあり、安倍政権にとっては目の上のたん瘤である。この講演について聞きつけた地元選出の二人の自民党議員、しかも自民党文部科学部会長と部会長代理を務める人物が文科省に圧力をかけ、同年三月、文科省は名古屋市教育委員会に前川招聘の経緯や講演内容の報告、講演の録音データの提出を求めるメールを送った。前川は、不登校問題や夜間中学での実践について話したのであり、政治的な中身には触れなかった。それにもかかわらず、安倍政権にとっての危険人物が公立学校で講演をしたと聞くと自民党の政治家が大騒ぎし、文科官僚はその意を受けて地方自治体の教育委員会に圧力をかける。前川講演の一件では、名古屋市教育委員会も当該中学校の校長も、冷静な対応をして、文科省の照会には事務的に回答し、講演の録音は提供しなかった。教育基本法が禁じる「不当な支配」をはねのけたわけである。ただし、他の自治体や学校が同じような主体的で冷静な対応ができるとは限らない。

このような環境の中、学校現場で愛国心や公共心の教育において、政府の政策に反対したり、政府が受け入れない政策を主張したりすることを、自立的な社会参画として議論することができるはずはない。この懸念は当たったようである。二〇一九年九月、柴山昌彦文科相は、学校の昼食時に政治の話をするという高校生のツイートに対し、「こうした行為は適切でしょうか」とツイートし、論議を呼んだ。有権者であるにもかかわらず高校生が自由に政策の当否を議論し、政府を批判することを教育行政の責任者は歓迎していないことがうかがえる。

アメリカでは高校生が銃規制を求めて立ち上がり、ＳＮＳを通じて運動を拡大し、全国的な集会を開いた。ヨーロッパでは、地球温暖化への有効な対策を求めて高校生がデモを行っている。しかし、日本では、高校生の政治的活動に対して政府は極めて禁圧的である。また、沖縄県民が辺野古新基地建設という政策に対して繰り返し異議を申し立てていることに対して、政府は全く無視している。現在の政府の政策に対して、反対する声も聴き、議論を重ねることによってより良い政策を作ることができるという開放的な姿勢を政府は持たなければならない。

ナショナリズムとパトリオティズム

この点は、安倍政権下の文部科学省や自民党が学校教育に対して執拗に要求する「愛国心」と重なる論点である。

西欧の市民革命の中では、愛国心は王党派ではなく、むしろ共和主義者の側の理念であった。

旧体制（アンシャンレジーム）を打倒し、市民による共和制を樹立する能動的な精神が愛国心であった。この伝統は今も生きている。二〇一八年一一月一一日、第一次世界大戦終戦から百年の記念式典でフランスのマクロン大統領は次のような演説を行った。

「ナショナリズム（nationalism）は愛国心（patriotism）を裏切るものだ。……自分の利益が第一で、他者は二の次だと言うことによって、最も重要な道徳的価値観というものを、われわれは消し去っている。……孤立、暴力、あるいは支配によって平和への希望をくじくことは間違っている。そんなことをすれば、当然のことながら、未来の世代の人たちはわれわれにその責任があると考えるだろう」

ここでのナショナリズムと愛国心の区別は、日本人にはわかりにくいかもしれない。マクロンの言うナショナリズムとは、自国の権益をなりふり構わず追求し、世界の秩序を揺るがす態度につながる。それに対して、愛国心とは、市民革命のときにそうだったように、自分の属する国の政治に参加し、よりよい社会をつくり出そうとする能動的な態度である。トランプ大統領に代表されるナショナリズムが国家を単位とする従来の民主政治を機能不全に陥らせているとマクロンは主張した。本来、アメリカでも愛国者を標榜するのはイギリス国王に反旗を翻して独立戦争を戦った共和派であった。愛着の対象が自由や民主主義という普遍的な原理であれば、愛国心は民主主義と調和する。

しかし、市民革命の経験を持たない日本においては、市民のための政治を作り出す能動的精神としてのパトリオティズムという概念は存在しないに等しい。明治維新以来、愛国という言葉が、初期の自由民権運動を除いて、忠君という言葉と一体化されたことが示す通り、愛国心は市民が自発的に持つものではなく、権力者が上から注入したものであった。教育勅語がそのような恭順な国民意識を育成するための教典とされ、学校教育において子供たちに刷り込まれた。先に、少女像の展示をめぐる紛争の件で紹介した通り、過去の日本の罪業を批判する議論に対して、「日本国民の心」を傷つけると反論する。日本国民の心は多様なはずだが、安倍政権を取り巻く政治家は今でも「一億一心」の幻想を持っているようである。「国民の心」の中身を定義するのは権力者であることを彼らは疑っていないのではないか。

敗戦と戦後改革によって、日本でも民主主義のもとでの教育が始まったはずであった。しかし、政府が学校教育で強調する愛国心は、マクロンの言葉を使えば、パトリオティズムではなく、ナショナリズムである。森友学園幼稚園は子供たちに教育勅語を暗唱させる教育を売り物にしていた。安倍首相夫妻がこれに共鳴し、夫人は名誉校長を引き受けた。この一事をもってしても、自民党の右派が教育勅語や忠君愛国の反民主主義的教育に強い執着を持っているのは明らかである。安倍政権は、教育勅語を憲法や教育基本法等に反しないような形で教材として用いることまでは否定されないという閣議決定まで行った(二〇一七年三月三一日)。

先に見たように、道徳が正規の教科になり、国を愛する態度の育成は道徳教育の重要な項目に挙げられている。そうなると、子どもたちの国を愛する態度について教師が評価を加えることになる。ならば、愛国者らしく見える外形的な愛国心を子供が身に着ける結果になることは確実である。アメリカ独立やフランス革命の過程を見れば明らかなように、本来のパトリオティズムは自由を抑圧する悪しき支配に対する反逆と表裏一体であった。安倍首相が賛美する明治維新にしても、西南諸藩の下級武士による反体制運動から始まった。しかし、明治政府という体制が出来上がると、幕府に対するかつての反逆者は自分たちに対する批判を封じこめるために教育などを通して体制に対する忠誠心を涵養することに必死になった。

愛国の名のもとに、政治に対する批判的な視座を流し去ることは、結局、政治の刷新の原動力を消去することにつながる。ここで、政府の言う愛国心に対抗して、「自分の属する政治共同体に参加し、その向上のために行動する」という意味でパトリオティズムを定義する必要がある。もちろん、そのようなパトリオティズムを持つかどうかは個人の選択に任されるべきである。また、民主主義を通した政治参加をことさらパトリオティズムの実行と騒ぎ立てる必要もない。ただし、愛国心とパトリオティズムを区別し、政府の押し付ける愛国心は権力への批判という民主主義の不可欠の原理を破壊するということに警戒することが必要である。

3　規制される報道、自粛するメディア

メディアの規制と自粛

政治権力が、自分に対する批判的な視座を社会から一掃するためには、マスメディアを制圧することが不可欠となる。第二次安倍政権は、第一次政権が政治と金をめぐる世論の批判を浴びて二〇〇七年の参院選で大敗し、崩壊した教訓を学習している。容易な統制対象は、テレビである。放送事業は、総務大臣の免許によって行う認可事業であり、監督官庁の統制が効きやすい。安倍政権の高市早苗総務大臣は、二〇一六年二月八日の衆議院予算委員会で、放送事業者が放送法に違反し、政治的公正を欠く報道を繰り返した場合には電波停止命令を出すこともありうると答弁した。そして、不公正の例として次のように述べた。

①選挙期間中や近接する期間に、ことさらに特定の候補（予定）者のみを相当の時間にわ

たり取り上げる特別番組の放送

②　国論を二分するような政治課題で一方の政治的見解を取り上げず、ことさらに他の政治的見解のみを取り上げ支持する内容を相当時間にわたり繰り返す番組を放送した場合など、番組編集が不偏不党の立場から明らかに逸脱していると認められる極端な場合

こうした傾向を極端に表現する番組があれば、それは不公正という批判を受けるだろう。しかし、実際の番組の細部にわたって、何が不公正かを判断することは難しい。政権が進める政策の問題点を客観的な事実に照らして詳細にチェックする番組を作った場合、一方の主張だけを取り上げているという批判を受けるかもしれない。そこで、ニュースを制作する側は不公正という批判を受けないよう慎重な対応を取ることになる。実際、政府、自民党は報道機関に対して「公正」な報道を求める申し入れを選挙のたびに行っている。また、二〇一四年衆院選の直前に安倍首相がTBSの番組に出演した時に、アベノミクスの効果が感じられないとの街頭インタビューに対し、「全然声が反映されていない。おかしいじゃないですか」と不快感を示したことがあった。

政治報道の中に街頭インタビューでの市民の声を紹介することはしばしば行われる。多数の

インタビューから実際に放送するものを選ぶ中で放送局の裁量が働くことは不可避である。街の声の圧倒的多数がアベノミクスの効果に対して否定的であれば、否定する声が多いことを伝えることこそ公正な報道のはずである。しかし、政府、自民党は形式的な両論併記を公正と考えている。安倍首相の不満に応えて両論併記、肯定と否定を同じ割合で伝えれば、首相は満足するのだろうが、否定的な声が多いという現実を歪曲することになる。

二〇一六年はじめ、NHKのクローズアップ現代のキャスターを務めていた国谷裕子、テレビ朝日の報道ステーションのキャスターを務めていた古舘伊知郎、TBSのニュース23のコメンテーターを務めていた岸井成格が相次いで番組から降板するという事態が起こった。これらの報道人は政府の進める政策の問題点について疑問を呈することを躊躇しなかった。その率直さに対して、偏向という攻撃が加えられていた。政府が彼らの降板を強制したわけではない。しかし、権力による電波停止という罰をちらつかせながら形式的公平を迫ることによって、権力は事実に関する報道を自分に都合のよいようにゆがめることができる。

政府は放送局に対して許認可権を持っているが、それを直接行使することはない。一般論として不公正な放送を繰り返せば電波停止命令もありうると述べるだけである。そうすると、放送局の側がどの範囲までの報道、解説が公正かを考え、安全策を取ろうとする。そして、自主規制、忖度という現象がはびこることとなる。それこそ政府の狙いである。政府に対する批判的な情報やコメントを流さないのは放送局の「自主的」な判断だから、政府が責任を問われることはない。いわば、これはソフトな言論弾圧である。

権力者の傲慢をとがめられないメディア

国会審議で安倍政権が言葉を破壊していることは、既に見たとおりである。言葉の破壊はメディアとの関係でも進んでいる。とくにその病理が深刻なのは、菅義偉官房長官の記者会見である。官房長官は内閣記者会を相手に、毎日記者会見を行っている。そこでは、記者が国政全般について政府の方針を質す。森友・加計問題や沖縄辺野古の埋め立てなどで政府の政策、行動の合法性や適切性について問われることは頻繁だが、官房長官は、「問題ない」、「適切に判断した」という木で鼻をくくったような返答を繰り返している。なぜ問題ないのか、その根拠は一切説明しないのが菅語法である。何かを論証する時には根拠を示し、論理や因果関係を重んじるという常識が政治の世界で壊されている。

さらに、記者会見で粘り強く食い下がる東京新聞の望月衣塑子記者について、官房長官と官邸報道室による嫌がらせが行われた。官邸からは、二〇一七年から九回にわたって、事実に基づかない質問は厳に慎んでほしいとか、記者の意見を述べる場ではないといった申し入れが東京新聞に対して行われていた。望月記者に対する嫌がらせは、のちに東京新聞以外の新聞でも取り上げられた。しかし、官房長官は説明拒否を反省するのではなく、事実に基づかない質問は許されないと威嚇を繰り返した。また、望月記者だけを対象に、報道担当の内閣職員が質問の途中に簡潔にと注意を繰り返した。森友・加計疑惑や南スーダンにおける自衛隊の活動の日報の隠蔽に関して、虚偽の答弁を繰り返してきた安倍政権が、政府に対して批判的な記者に対して事実に基づく質問をしろと迫るのは、傲慢と矛盾の極みである。

また、森友学園に対する国有地払い下げをめぐる決裁文書の改竄問題で、東京新聞記者が二〇一八年六月、財務省と近畿財務局との協議に関し「メモがあるかどうかの調査をしていただきたい」と述べると、長谷川栄一内閣報道官から「記者会見は官房長官に要請できる場と考えるか」と文書で質問があった。これに対して同紙が「記者は国民の代表として質問に臨んでいる。メモの存否は多くの国民の関心事であり、特に問題ないと考える」と答えると、「国民の代表とは選挙で選ばれた国会議員。貴社は民間企業であり、会見に出る記者は貴社内の人事で定められている」と反論があった（『東京新聞』二〇一九年二月二〇日朝刊）。

マスメディアは国民から選出された機関ではないが、国民の代理として政府から情報を収集する。その情報は国民が政治に参加するためには不可欠である。いわば、メディアは国民の政治参加を可能にするための手足、耳目である。政府がメディアにまともに向き合わないということは、国民を無視するということである。

朝日新聞の政治記者を経て新聞労連委員長を務める南彰は、権力とメディアの関係の変化について次のように指摘している。

「現状について官邸記者クラブにアンケートをとると、事前に質問通告をしなかったことで怒られた記者が三三人中七人とか、官房長官の夜回りの際に、録音していないことを示すためにスマホとレコーダーを長官の目の前で袋に入れるとか、以前では考えられないことが行われています。なめられている？　世間から見ればそうとしか映らない。これでは信頼されない」（『週刊東洋経済』二〇一九年八月一一日）

新聞やテレビが主要な情報媒体ではなくなったので、権力の側は新聞に対する情報の提供をコントロールしやすくなった。新聞の側は情報をもらうために権力に対する批判的姿勢を弱めざるを得なくなった。しかし、欧米のメディアの中には権力に対して自立的なスタンスを維持しているものも多い。権力監視という重要な役割を担うメディアに対しては、激励と批判が必要である。

恐怖による支配

安倍政権は、外国の脅威を煽ることによって政権への支持を広げるという安易な手法を取っている。それは、二〇一七年一〇月の衆議院総選挙に至る過程でも見られた。

北朝鮮情勢の緊迫化を受け、政府は二〇一七年四月二一日に、日本がミサイル攻撃を受けたときの「避難」の方法を内閣官房のホームページに掲載した。それによれば、警報が発令されたら頑丈な建物に入り、窓から離れることで安全を確保すべきだとのことである。政府がこれで国民の安全を確保したつもりだったならば、喜劇的である。実際に二〇一七年には多くの地域で避難訓練が行われた。山形県酒田市では、農作業中の人々が用水路の窪みで頭を抱えてしゃがむという避難訓練が行われた。

このエピソードは、桐生悠々が『信濃毎日新聞』に書いた「関東防空大演習を嗤《わら》ふ」という論説を想起させる。悠々は、一九三三年八月、当時の軍部が仮想敵国の東京に対する空襲を想定した演習を行ったことについて、これは軍人の自己満足でしかないと喝破した。そして、現代の戦争では「空爆したものの勝であり、空爆されたものの敗である」と書いた。これに対して軍部は反発し、在郷軍人会が不買運動を起こしたため、悠々は信濃毎日新聞を退社することを余儀なくされた。

ミサイルの時代にこの悠々の指摘はさらに当てはまる。大都市や原発にミサイルを撃ち込まれたら日本は甚大な被害を受ける。ミサイルを打たせないことが政府の任務である。しかし、危機を煽るばかりの安倍政権は、戦争の現実認識を欠いていた戦前の軍部から進歩していない。

二〇一七年八月二九日午前五時五七、八分(日本時間)ごろ、北朝鮮は弾道ミサイルの発射実験を行った。ミサイルは六時六、七分ごろ襟裳岬上空を通過し、六時一二分ごろ襟裳岬の東一一八〇キロの海域に着水した。政府は六時二分に、長野、群馬、栃木、茨城以北の道県に、ミサイル発射の情報をJアラート(全国瞬時警報システム)で流した。早朝の警報で起こされた人も多かった。また、交通機関はミサイル着水が確認できるまで一時的に運行を停止した。

ミサイルは日本にとっての脅威である。しかし、安倍首相はテレビの会見で「最初から事態を掌握していた」と豪語したのだから、国土に着弾することはないこともわかっていたはずである。朝のラッシュ時に深刻な混乱をもたらす東京圏をわざわざ除外して北関東と東北、信越、北海道に警報を発し、人々をたたき起こし、NHKを中心とするテレビがミサイル着水の後も延々と情報を垂れ流したのは、ありそうにない危険を誇張することで人々を恐れさせ、思考停止に追い込むためではないかと言われても否定できないであろう。

当時は、七月の東京都議会選挙で大敗し、森友・加計疑惑により内閣支持率が低迷していた。北朝鮮のミサイル危機は退勢を挽回する絶好の機会となった。九月末の衆議院解散に際しては、「国難」を救うと称した。この総選挙で自民党が圧勝できたのは野党の分裂が最大の原因だが、北朝鮮の脅威も政権に有利に作用したことは間違いない。実際、麻生太郎副総理は選挙後、一〇月二六日に、総選挙での勝利は「明らかに北朝鮮のおかげもある」と述べた。

恐怖心を煽って選挙に勝利するという手法は、麻生自身が憲法改正について「ナチスの手口に学んだらどうかね」と発言したことを想起させる。一九三三年一月三〇日に政権に就いたヒトラーは、権力基盤を強化するために議会を解散した。三月五日の投票が予定される中、二月二七日に国会議事堂が放火され、炎上した。ナチスはこれを共産主義者の仕業と宣伝し、選挙でナチスは一九九議席から二八八議席に躍進した。新しい議会で、ナチスは中央党の協力を得て全権委任法を制定し、独裁体制を固めた。真相が不明である議事堂炎上事件と、北朝鮮によるミサイル実験は性質を異にするが、ショックを政治的に利用し、国民に憎悪と恐怖を煽ることで自党に有利に民意を誘導するという手法は同じである。二〇一七年総選挙で得た圧倒的多数に基づいて自民党が憲法改正を実現するなら、それこそナチスの手口に倣《なら》った憲法破壊である。安倍政権とヒトラー政権を同列に置くことは誤りである。しかし、メディアを使った情報操作と民意の誘導によって民主主義が脅かされているという現状の危機を考える際には、一九三〇年代のドイツでナチスが台頭した過程は教訓となる。

この話には、後日談もある。トランプ大統領は二〇一八年以来、北朝鮮の最高指導者、金正恩と度々会談し非核化に向けた話し合い路線を取った。そして、北朝鮮が発射した短距離弾道ミサイルは脅威ではないとみなすようになった。すると、安倍首相もこれに倣った。二〇一九年七月二五日朝、北朝鮮は短距離弾道ミサイルを発射した。この時夏休み中だった安倍首相は、飛翔体発射は問題ではないとして、ゴルフを続けた。権力者の都合によって「2＋2」が4にも5にもなるというジョージ・オーウェルの『一九八四年』のストーリーそのものである。

第6章　「戦後」はこのまま終わるのか

この章では、戦後日本の民主主義の現状を点検し、これからどこに向かうのかを論じる。かつて「戦後レジームからの脱却」を唱え、今でも憲法改正に執着する安倍首相が権力を保ったこの数年、戦後政治の枠組みや価値がどのように変えられたのか。また、多くの国民が積極的に改憲に賛成しないまでも、安倍政治の持続を許しているのはなぜか、様々なデータをもとに考察したい。

戦後の民主主義の価値や原理は、安倍政治によって揺さぶられ、崩壊し始めている。他方で、憲法や平和国家のアイデンティティを守ろうとする運動も新たな広がりを見せている。戦後政治の枠組みから、個人の尊厳、社会の多様性や寛容という価値をそぎ落とした新たな「ポスト」戦後の枠組みが形成されるのか、世代の入れ替わりや環境変化に対応して戦後政治の枠組みがその基本的な精神を継承しながら更新されるのか。我々は大きな岐路に立たされている。まずは、我々が置かれている歴史的文脈を確認することから始めたい。

1 戦後合意の時代

戦後日本のアイデンティティ

戦後日本の場合、政治体制は基本的に民主主義に分類される。ただし、政治の基本となる憲法原理に平和主義が含まれていたことが、他国にない特徴である。第二次世界大戦の枢軸国は、敗戦後、連合国によって民主化された。日本では、戦後体制の規範の中に戦争放棄条項が書き込まれ、民主化と非軍事化が並行することとなった。

枢軸国の中で日本だけで非軍事化が強調されたのは、戦後政治体制において天皇制が維持されたことと密接に関連している。日本帝国の最高権力者だった天皇が戦後も延命し、君主制が存続されることに対しては、アメリカ以外の連合国から批判の声もあった。アメリカは占領を円滑に進めるために天皇を必要としたが、こうした天皇に批判的な国際世論も無視できなかった。そのため、天皇制が存続する日本が二度と軍国主義に陥らないことを確実にするため、憲法に戦争放棄、非軍事化の条文を入れた。日本国憲法の冒頭の二章が、天皇と戦争放棄であることは、こうした歴史的経緯の反映である。

占領が終わって日本が独立を回復したのち、戦後政治体制の正統性根拠たる憲法自体が政治の最大争点となった。一九五〇年代は憲法をめぐる政治(constitutional politics)が最も活性化した。戦争終了後まもなく東西冷戦が始まり、中国では共産革命が実現し、日本は冷戦対立の最前線に位置することとなった。アメリカは戦争責任の追及と日本の民主化を中途で打ち切り、日本帝国の指導者だった政治家を復権させて、親米政権をつくらせた。アメリカによって赦免された指導者の多くは、戦後政治体制の正統性を否定し、自主憲法制定を唱えた。これに対して、戦後の民主化の受益者であった左翼政党や労働組合が政治体制の擁護を訴える運動を展開した。

憲法政治をめぐる対立がクライマックスに達したのは、一九六〇年の日米安保条約の改定をめぐる政治的紛争であった。A級戦犯容疑者でありながら、アメリカによって赦免された岸信介は、一九五七年に首相に上り詰めた。そして、戦後政治体制の転換に着手した。日米安保条約の改定は、憲法改正の一里塚であった。野党は日米安保によって日本がアメリカの起こした戦争に巻き込まれる危険があると主張して反対した。そして、条約が衆議院で強行採決されると、未曽有の反対デモが起こった。条約自体は衆議院の可決によって自然承認されたが、岸は政治の混乱とアイゼンハワー米大統領の訪日の取りやめの責任を取って辞任した。

ここで、戦後政治体制の正統性をめぐる争いには暫定的な決着がついた。多くの市民が抗議運動に立ち上がったのは、安保条約への反対もさることながら、岸の改憲に向けた政治手法に対する反発や不安が大きな理由だった。衆議院の強行採決の後に、抗議運動は急速に大規模化した。安保反対の運動は、民主主義擁護の運動でもあった。

岸の後に政権を担った池田勇人は、「忍耐と寛容」というスローガンのもと、経済成長路線を打ち出して、国民の大きな支持を得た。憲法改正よりも、国民に豊かさをもたらすことで自民党は安定政権を築くことができた。池田政権を支えた大平正芳、宮澤喜一など大蔵官僚出身のブレーンがこの路線を演出した。

比較政治学者のホアン・リンスは、政治体制の安定を規定する要因として、正統性と有効性をあげている（*The Breakdown of Democratic Regimes: Crisis, Breakdown, and Reequilibration*, Johns Hopkins University Press, 1978）。たとえばアメリカ独立やフランス革命のように、政治体制の創設に国民自身が参画したという経験や神話が強固であれば、正統性は高い。また、政治システムが国民の要求に応え、生活の安定をもたらす政策を提供できれば、有効性は高い。敗戦によってもたらされたデモクラシーにおいて、この二つの要素は常に十全であるとは限らない。ドイツのワイマール共和政の場合、左右両極に共和国体制を認めない勢力が存在して、正統性は脆弱であった。そして、巨額の賠償と世界恐慌の衝撃のために経済が大混乱し、有効性も低かった。

ゆえに、一九三〇年代に民主政は崩壊したとされる。

戦後日本の場合、左翼はマルクス・レーニン主義を信奉しながらも、憲法体制は擁護した。正統性に対する挑戦は、もっぱら右から企てられた。そして、この揺さぶりをひとまず食い止めたのが六〇年安保とそれがもたらした岸政権の退陣であった。そして、六〇年代以降の高度経済成長の中で有効性は向上し、戦後体制は安定した。戦後日本の統治の枠組みは、一九六〇年に形成されたといってよい。

自民党の現実路線

支配政党自民党は、戦後体制の正統性を全面的に承認したわけではなかった。正統性を否認する右派勢力を党内に抱えながら、正統性への挑戦を封印し、政権を維持した。これが自民党の現実路線であった。そして、この封印を強固にしたのは、自民党の指導者の現実感覚、そしてその背後にある国民の戦争体験と記憶であった。

自民党の現実主義を支えたのは二種類の政治家である。第一は、前にも触れた官僚(特に大蔵省)出身の政治家である。その代表は、池田勇人、前尾繁三郎、大平正芳、宮澤喜一である。彼らは、借金を重ねて軍備を増強し、アメリカを相手に戦争を仕掛けて国を滅ぼした軍国日本の指導者の愚かさを、財政家の立場から見ていた。財政という数量合理性の世界で仕事をしてきたがゆえに、神がかりの軍国主義とは一線を画していた。戦後、彼らは政界に入り、自民党政権を支えた。非生産的な軍事支出を抑制し、国力を経済復興・経済成長に集中的に投下するために、憲法九条は都合の良い道具であった。アメリカからの防衛力強化の圧力に対しても、憲法を盾にかわすことができた。その意味で、彼らは戦後憲法の意義を現実的に体得していた。

第二は、地方に根を下ろす土着政治家である。その代表は田中角栄である。彼らは、戦後の農地解放によって自作農になった農民を支持基盤に組み込んだ。また、支持者の多くは保守的な意識であったが、戦争の苦難は等しく経験しており、その意味で平和志向的であった。田中角栄の後援会、越山会に、戦前は小作争議を闘った農民運動家が大勢いたことはよく知られている。戦後の民主化の受益者であった農民を支持基盤としている以上、彼らは戦後の民主化を否定することはできなかった。

この二種類の政治家の提携は、後者を中心とする経世会（竹下派）と前者を中心とする宏池会（宮澤派）の協力という形で現れることもあった。このような現実主義的自民党の中で、改憲にこだわる右派は傍流であった。池田以降の二〇世紀後半の自民党の首相の中で、右派の系列は福田赳夫と中曽根康弘だけであった。その福田にしても、首相在任中は日中平和友好条約を締結し、全方位外交を唱えた。東南アジア歴訪の際には福田ドクトリンを打ち出し、憲法九条のもとでの平和国家というアイデンティティを海外に向けて発信した。八〇年代の中曽根首相は「戦後政治の総決算」という政治的スローガンを掲げ、靖国神社公式参拝を行った。しかし、近隣諸国の強い反発を受けて、それ以降は参拝しなかった。また、中曽根政権を支えたブレーンの香山健一、公文俊平などは一級の知識人であり、近代民主主義の価値は共有していた。

戦後民主主義は虚妄だったのか

このような自民党の現実主義的な統治の枠組みは、ある種のフィクションに依拠していた。憲法九条の承認と利用は、自民党においては暗黙の知恵であった。憲法九条のもとでも、国家の自然権たる自衛権を実現するために必要最小限度の自衛力を保持できるという解釈は、アクロバットであった。憲法学界では専守防衛の九条解釈を支持する説は少数派であり、この解釈は論理的に無理があるというのが専門家の見解であった。しかし、自衛隊が災害出動などで人々に貢献しているという現実が定着するにつれて、国民の間には九条も自衛隊も支持するという意見が多数派となった。

正面から軍備を認めるという内容の憲法改正を主張する右派が、自民党には存在していた。

しかし、自民党の右派、改憲派は押し付け憲法を批判しながら、憲法を押し付けたアメリカに抗議することはなかった。アジア太平洋戦争の正統性の主張はもっぱら国内と被害者たるアジア諸国に向けられ、東京裁判で日本の戦争犯罪人を裁くことを主導したアメリカに対しては向けられなかった。自民党の創立者の中には、岸信介のように、戦争犯罪人に指名されながら、アメリカによって赦免され、復権の後押しをされた政治家がいた。また、自民党結党にあたってはアメリカのCIA(中央情報局)から資金援助を得ていた。このように、国内やアジア向けには敗戦を否認しつつ、アメリカの戦後処理の中でアメリカの「手下(junior partner)」として生きて行く路線を自民党政権は選んだ。押し付け憲法批判は決して押し付けの張本人たるアメリカに向くことはなく、もっぱら民主化の受益者たる国民に向けられた。この点をとらえて、政治学者の白井聡は永続敗戦体制と名付けた。敗戦を否認し、憲法改正を志向しようとすればするほど、アメリカに敗北してできた隷従構造から抜け出せなくなるというわけである。

永続敗戦体制が日本の基本構造であるならば、戦後民主主義はすべて虚妄で、日本人はアメリカが作った舞台の上で、国の重要な政策を自分で決めることもなく、民主主義もどきの政治を営んできたことになる。しかし、それは過度な単純化である。改憲派、右派が対米と対国民・アジア諸国を使い分けるという二重基準については、白井の指摘のとおりである。しかし、戦後の自民党の指導者の中には、アメリカの圧力をかわしながら、それなりの平和国家と経済発展という日本の国益を追求した政治家もいた。これをすべて従属の構図ととらえるのは誤りである。そこには制約条件下ではあったが、ある程度の主体性があった。憲法を利用する狡猾さを持った政治家が、自民党には存在した。また、政権によって憲法九条への肩入れの度合いは異なったが、ともかく憲法九条を維持し、そのもとで安保外交政策を展開してきたことにも意味があった。憲法九条はアジア、さらに世界に対して日本が軍事面での大国とならないという安心を供与する根拠となった。それは戦後世界秩序の一つの構成要素となった。また、日本国民の中に平和国家というアイデンティティが確立するのに寄与したことも重要である。

戦後合意の形成

ただし、戦後日本の場合、保守政党が掌握した政府自身が国家体制の原理を正面に打ち出し、その擁護を国是とするというドイツのような形をとることはなかった。憲法体制、国家経営の基本路線は、いくつかの偶発的な事情に依拠するある意味で脆弱なものではあった。そうした留保付きではあるが、ともかく一九六〇年代から二〇〇〇年ごろまで日本政治を支えた戦後合意は、次のような内容を含むものであった。

第一は、冷戦構造を背景としたアメリカによる庇護であった。米ソ対立という構造の中で、日本はアメリカにとってユーラシア大陸の東側の拠点であった。軍事戦略上日本は不可欠の道具であったために、アメリカは日本を自分の陣営につなぎとめ、自国の市場を開放して日本の経済発展を支援した。このことは、戦後日本の経済成長にとっての前提であった。対米協調は、戦後合意の柱であった。

第二は、アジアにおけるとびぬけた経済大国というプライドであった。敗戦後速やかに復興し、アメリカに次ぐ世界第二位の経済大国になったことは、日本人の自尊心を支えた。この自尊心ゆえに、近隣諸国に対しても寛大にふるまい、アジア地域のリーダーとして経済援助を行った。それはまた、軍事大国を封印した平和国家としてふさわしい行動であった。

第三は、戦争の記憶の生々しさから来る排外的ナショナリズムの封印であった。あの時代を生きた大半の日本人にとって、日本の軍隊が中国や東南アジアでどれだけ暴虐の限りを尽くしたかは自明であった。南京大虐殺があったかなかったかなど、問題にならなかった。犠牲者の数については論争があったにせよ、日本軍が大量の中国人を殺戮したことは事実として理解されていた。また、日本という国家が兵士の命を軽んじ、兵站なしで無謀な戦いに投入し、莫大な犠牲を出したことも、自明であった。「自衛のための聖戦」などというドグマは、あの時代を生きた人々にとって実感として受け入れられない虚構であった。それゆえ、穏健保守陣営の政治家やそれを支持する一般の人々は、ことさらに近隣諸国に対して政治的、軍事的な優越性を誇示したり、過去の戦争を正当化したりする言説を展開するという動機を持たなかった。平和国家というアイデンティティはそうした実感に支えられていたのである。

第四は、日本の市民が持つ主権者としての最低限の行動力や批判性であった。先に述べたように、戦後政治の枠組みは一九六〇年の安保闘争を契機に成立した。安保で岸政権打倒を叫んだ市民、学生は一九六〇年代には豊かな生活を追求する生活者となった。しかし、自民党政権の政策的失敗や政治腐敗に対しては、時々厳しい批判の意思を表明した。高度経済成長がもたらしたひずみを政策争点化した革新政党を地方選挙レベルで支持したのもこれらの人々であった。また、ロッキード事件、リクルート事件、佐川急便疑惑などの政治腐敗に対しては、自民党を罰する投票を行った。自民党による一党優位体制は不十分な民主主義であったが、市民の批判を受け止めて自民党が自己修正を図ったことも事実である。

戦後五〇年における戦後合意の更新

一九九〇年代前半、自民党を含む政治の指導者は、戦後憲法体制の擁護に向けて最大限の努力を払った。それは、戦争の記憶を持つ政治家が指導的地位にいた最後の時期であるがゆえに可能となった。一九九一年の湾岸戦争の際には、アメリカから日本の自衛隊の参加を要求されたが、当時の海部俊樹政権は憲法の制約を理由にこれを拒絶した。その後PKOへの自衛隊の派遣は始まったが、憲法九条の枠内で、海外における武力行使をしないという原則の中で、活動のルールが作られた。この時には、後藤田正晴が憲法擁護のしんがりとなった。

一九九二年には、宮澤喜一政権のもとで天皇訪中が実現した。これは、日本として戦争に対する精神的な償いをしたいというメッセージであった。また、中国にとっては、天安門事件以後孤立していた状況の中、国際社会に復帰するための重要な契機となった。一九九三年には、宮澤政権の河野洋平官房長官が「従軍慰安婦」に関する談話を発表し、お詫びの意思を明らかにした。

そして、一九九四年には、細川護熙政権成立によって初めて下野した自民党は、社会党と手を組んで政権復帰を果たした。戦後五〇年の節目に自民党と社会党が提携して政権を作ったことは、当時の政界再編の動きの中で起こった偶然であった。しかし、両者は協力して、戦後五〇年のタイミングで戦後憲法体制の更新作業を行った。その一つが村山談話である。社会党は政権獲得にあたって、長年の自衛隊違憲論の旗を降ろし、自民党政権がとってきた専守防衛の九条解釈を取る路線転換を打ち出した。他方、自民党は侵略戦争と植民地支配を反省、謝罪する村山談話を受け入れるという決断をした。

当時の自民党の指導層には、宮澤喜一、梶山静六、野中広務、橋本龍太郎、加藤紘一など戦争を知る世代の穏健な政治家がそろっていた。戦争を経験した世代が生きている間に、日本として戦争について謝罪することが日本とアジア諸国との信頼関係を固めるために不可欠だという認識が存在した。

社会党が憲法解釈を転換し、自民党が戦争や植民地支配に関する歴史認識について世界標準を共有したことによって、戦後体制の正統性をめぐって国論を二分した対立は消滅したはずであった。しかし、憲法体制をめぐる合意自体を揺さぶる右からの挑戦がまさにこの時に始まった。侵略戦争を反省したことに対する反発は、ナショナリズム復活のばねを強化し、自民党を右翼的ナショナリズムの方向に引き戻すという運動を引き起こすこととなった。その先頭に立ったのが安倍晋三であった。彼は当時、衆議院の当選一回の若手であった。しかし、岸信介の孫という出自から、ナショナリズム運動のホープとされた。彼の周りに右翼的政治家が集まり、従軍慰安婦などの歴史認識、歴史教科書、選択的夫婦別姓などの女性の権利などについて、日本の「伝統」なるものを鼓吹し、自国の正当性と優越性を主張する運動を展開した。ＮＨＫの教育テレビで従軍慰安婦問題を取り上げたときに、安倍がNHKに介入して番組の改変を促したのも、こうした運動の一環であった。

また、民間では一九九七年に神道系の宗教団体、右派的な評論家、学者が集まって日本会議が結成され、政治家集団と連携しながら、上述のテーマについて運動を展開した。今日の安倍政権は、この運動の二〇年を経た到達点である。

2 安倍政治のめざすポスト戦後合意

崩れ行く戦後の前提条件

安倍首相の改憲路線やナショナリズムの鼓吹がある程度の支持を得ており、強い反発を招いていないことは、戦後憲法体制、平和国家路線が有効性を失ったことの反映である。戦後憲法体制が依拠していた前提条件が、二〇〇〇年代に入って崩れていることは事実である。それをまとめると、次のようになる。

第一に、バブル崩壊以後の経済の長期停滞である。バブル崩壊後、九〇年代後半から日本のGDPは五〇〇兆円強で停滞している。このことは、失われた三〇年の間に、政治にも大きな影響を及ぼした。

先に紹介したとおり、リンスは、政治体制の安定を規定する要因として、正統性と有効性の二つをあげている。戦後日本の場合、正統性の危機が六〇年安保という市民の民主主義擁護の運動によって回避されたのち、高度成長を続ける中で有効性が著しく高まり、相対的安定に至った。高い有効性は正統性の脆弱性を潜在的な問題に押し込めたということができる。それが三〇年余り続いたが、九〇年代前半にバブル経済が崩壊し、日本は長期的停滞の時代に入った。リンスの図式を当てはめれば、日本では有効性が急速に低下し、それが正統性の脆弱性を再び顕在化させたということができる。

第二に、世代の入れ替わりという変化である。戦後五〇年の九〇年代半ばには、戦争を経験した人々が政治の指導的地位にいた。また、社会でも戦争経験者が多数生存していた。歴史修正主義が広がる余地はまだなかった。しかし、それから二〇年の時間が経過すると、戦争を知らない人々が圧倒的多数派となる。また、日本の経済的衰弱の中で、経済大国という誇りは失われた。それを埋め合わせるように、自己憐憫を過去の歴史に投影し、虚勢を張るという気分も広がった。こうして歴史修正主義が次第に広がっていった。

第三に、アメリカの対日姿勢に変化がみられることである。ある意味でアメリカを利用することができたという日米関係も九〇年代以降変化した。ソ連という共通の敵が消滅し、アメリカは極東の橋頭堡にするために日本に譲歩する必要はなくなった。一九九〇年ごろからアメリカ経済を脅かしていた日本に対して構造改革を要求して、日本経済の強みを掘り崩す戦略を展開した。銀行におけるBIS規制により積極的な融資を抑え込み、時価会計への移行によって含み益依存の経営を不可能にした。バブル崩壊以後、かつて日本経済の長所とされた特徴が、長期停滞をもたらす桎梏に転化した。

安全保障面でも、アメリカは世界戦略の追求を軍事的手段も含めて支援することを日本政府に強く要求するようになった。自衛隊は専守防衛に徹し、海外では武力行使を行わないという謙抑的な姿勢を維持することが、アメリカからの圧力の前に次第に困難となっていった。中国や北朝鮮の脅威が強調されればされるほど、日本はアメリカに依存せざるを得ないという状況にはまっていった。イラクへの自衛隊派遣、集団的自衛権行使の容認など、従来の憲法九条の枠が揺らぐようになった。

第四に、東アジア諸国、とりわけ中国の台頭である。二〇一〇年に中国のGDPは日本を追い越し、その後、差は広がるばかりである。また中国は軍備増強を続け尖閣諸島をめぐる緊張も高まってきた。日本がアジア第一の経済大国として東アジアの安定のために貢献するという役割意識は過去のものとなった。

戦後合意からポスト戦後合意へ

以上のような環境の変化の中で、二〇一〇年代の半ば以降、戦後体制の正統性が動揺したのと並行して、安倍政権は「戦後合意」に替わる新たな合意を構築しようとしている。そして国民の多くもそれを受け入れつつあるように見える。その新しい合意を「ポスト戦後合意」と呼ぶならば、それは、先に説明した「戦後合意」との対比で、次のように特徴づけることができる。

第一に、対米依存の深化である。二〇〇九年に政権交代が起きたとき、民主党政権は東アジア共同体、普天間基地の県外移設などの目標を掲げ、新しいアジアの秩序を自ら構築したいという意欲を示した。しかし、高い理想を実現するための現実的な政策については、戦略を持っていなかった。鳩山政権が普天間県外移設を実現できなかったために退陣した後、アメリカに対して自己主張をしながら国際秩序を構築することについての無力感が決定的となった。

アメリカに追従しながら外交を運営することについては、自民党と外務省のほうがはるかに巧みである。特に、トランプ政権成立後には、安倍首相は世界の首脳の中で最もトランプと親密な関係を持っていることを誇っている。その実態は、アメリカ・ファーストの旗印のもとで繰り出される対日要求を受け入れる代わりに、首脳同士の表面的な友好関係を演出させてもらうという程度のものでしかない。そして、この種の演出は政権支持率を上げる効果を発揮している。

戦後合意の中では、対米協調は前提としつつ、時に憲法九条を持ち出しながら日本の利益を確保するという政治指導者の主体性が期待されていた。これに対して、ポスト戦後では、その種の緊張感もなく、対米追随を続けるという変化がある。それどころか、日本がアメリカの存在をより強く求めるようになった。歴史修正主義やナショナリズムが高まれば、日本は自力で東アジアにおいて北朝鮮との国交正常化や中国・韓国との関係改善をはじめとする秩序を構築できなくなる。だからこそアメリカの存在を必要とする。沖縄における普天間基地の移設問題にしても、日本政府が沖縄の反対を無視してアメリカのご機嫌を取ろうとしている。

第二に、東アジア諸国に対する外罰的態度の広がりである。経済的停滞と社会の収縮を中心とする日本の衰退は、国民の国外に対する目を大きく変えた。九〇年代半ばの歴史への反省に基づくアジアとの友好路線は、たとえば九八年の日韓パートナーシップとして実を結んだ。しかし、それはアジアにおけるとびぬけた経済大国という立場がもたらす余裕のおかげで可能になった面もある。しかし、GDPで中国に遥かに追い越され、一人当たりGDPでは韓国に近づかれるという状況の中で、余裕を失った一部の日本人の中には、近隣諸国に対する嫌悪や根拠のない優越感が広がった。

特に、日本よりも国力の小さい韓国に対して虚勢を張る態度が、外交にも表れるようになった。慰安婦問題や元徴用工への補償問題を原因とする日韓関係の険悪化については、両方に責任がある。しかし、安倍政権が元徴用工問題に関する対韓不満を貿易戦争という形でエスカレートさせたことは国際的ルールにそぐうことではない。にもかかわらず、国内世論は対韓強硬策を支持している。この問題で韓国を批判し、韓国人への嫌悪を煽るようなテレビのワイドショーが高い視聴率をあげ、一部の雑誌も部数を稼ぐために嫌韓ネタを繰り返している。停滞の現状に対する不満を外に対する攻撃によって解消するという態度が国民にも政府にも広がっている。

外罰的態度は、同国民にも向けられる。全体的に社会、経済が衰弱し窮乏化する中で、安倍政治においては、ナショナリズムによって国民を統合するという手法が取られる。しかし、そこで人々がしがみつく「国民」とはあくまで幻想である。その虚構性を厳しく指摘し、虚構に同化しない人々、自らの権利と尊厳を明確に語る人々に対して、幻想共同体を信じる人々は攻撃を加える。貧困問題に関する自己責任という攻撃、沖縄や原発事故被災者に対する冷淡あるいは無関心もその例である。

第三に、歴史の忘却から来る戦後憲法体制批判である。敗戦から七〇年以上たついま、戦争を直接経験した人はどんどん少なくなっている。日本が無謀な戦争をアジアやアメリカに対して仕掛け、多くの犠牲を出したという事実が共有されなくなると、平和国家のアイデンティティもはや自明ではなくなる。また、国際社会において日本が低姿勢を保つことの意味も、理解できなくなる。北朝鮮による拉致事件が明らかとなり、中国が軍拡を進めるいま、日本が軍事面で謙抑的姿勢を取ることへの不満を持つ人も増える。このことが、憲法問題の争点化を支える要因である。日本の場合、戦後憲法体制の根拠は敗戦の経験と不可分である。戦争の記憶の風化は、憲法体制の基盤を脆弱にしている。

第四に、主権者からの逃走とも言うべき思考放棄と現状肯定の広がりである。国民の中に主権者としての最低限の行動力や批判性が低下している兆候を示す現象が見られる。二〇一二年一二月の衆議院選挙以来、安倍政権下での国政選挙では投票率が五〇%台の前半にとどまり、二〇一九年の参議院選挙では二四年ぶりに五〇%を割った。棄権はその時の多数派に対する白紙委任である。棄権の増加は、無関心と現状肯定の反映である。

投票率は、二〇〇九年の政権交代選挙の際に六九％に達した。その後の民主党政権の混迷によって多くの有権者が幻滅し、政治から背を向けたことは明らかである。政権交代からの皮肉な「学習効果」として、政治によって世の中をよりよくすることへの断念が国民に広がったことといってもよい。そして、安倍政権はその断念を最大限に利用している。二〇一七年には、憲法五四条に基づく野党の臨時国会召集の請求を二か月以上無視し、国会召集の初日に解散を行った。二〇一九年の参院選の前には、予算の成立後衆参両院の予算委員会を全く開かなかった。いずれも、政府対野党の論戦を回避し、選挙前に国民の目を政治に向けさせない策略であった。それは奏功し、低投票率の選挙で与党は勝利した。人々は主権者であることから逃れ、政権はそうした思考放棄によって支えられている。

ここで整理したポスト戦後合意は、まだ形成途上で、定着したとは言えない。他方で、安倍政権が終わったからといっても安倍時代に形成された合意が消えるとは限らない。ポスト戦後段階における民主主義の融解、浮遊をなすすべもなく放置するのか、新たな理念のもとに戦後の民主主義を再活性化するのかは、最後の章で改めて論じたい。

3 三・一一後の根拠なき楽観

現状肯定意識の広がり

前節で説明したポスト戦後合意は、この数年の日本社会の観察から引き出されたものである。この議論は、内閣府が毎年行ってきた社会意識調査データによっても支えられると思われる。これによれば、二〇一〇年代初めから、人々の社会や政治に対する見方は大きく変わっていた。そして、安倍政権はその変化の上に乗って、政策的な業績を上げなくても、高い支持を得てきた。以下、重要な項目について見ていこう。

図6-1は、国を愛する気持ちが「非常に強い・どちらかといえば強い」を合わせた「強い」、「どちらともいえない」、「非常に弱い・どちらかといえば弱い」を合わせた「弱い」という大きな三分類で、「強い」と答えている人が、二〇〇〇年代に入って増え始め、二〇一三年には五八%まで上昇し、高止まりしている。

図6-2は、社会全体の満足度に関する質問である。二〇一二年を境に、「満足している」という人の割合が、四四～四五%から六五%まで上昇している。「満足していない」という人は、

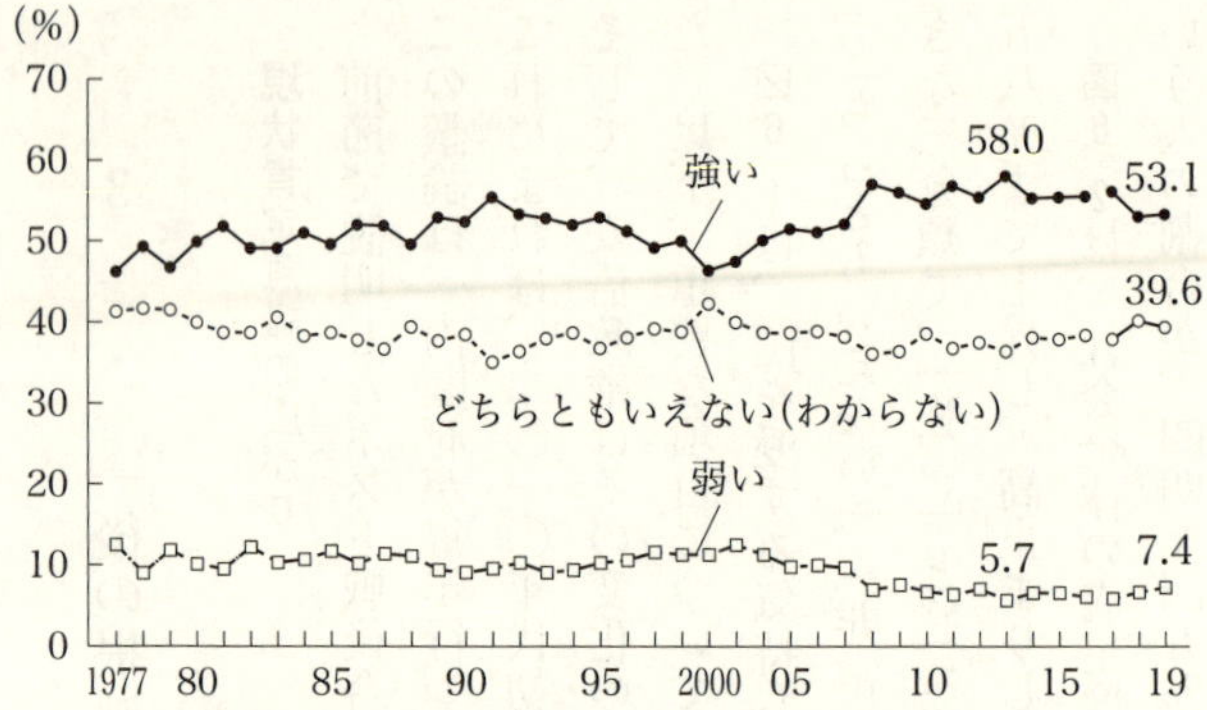

図 6-1 国を愛する気持ちの程度(時系列)

(注)2016 年調査までは，20 歳以上の者を対象として実施．17 年調査から 18 歳以上の者を対象として実施．1999 年，2001 年，03 年は実施されていない．

(出所)「社会意識に関する世論調査」(内閣府ホームページ)

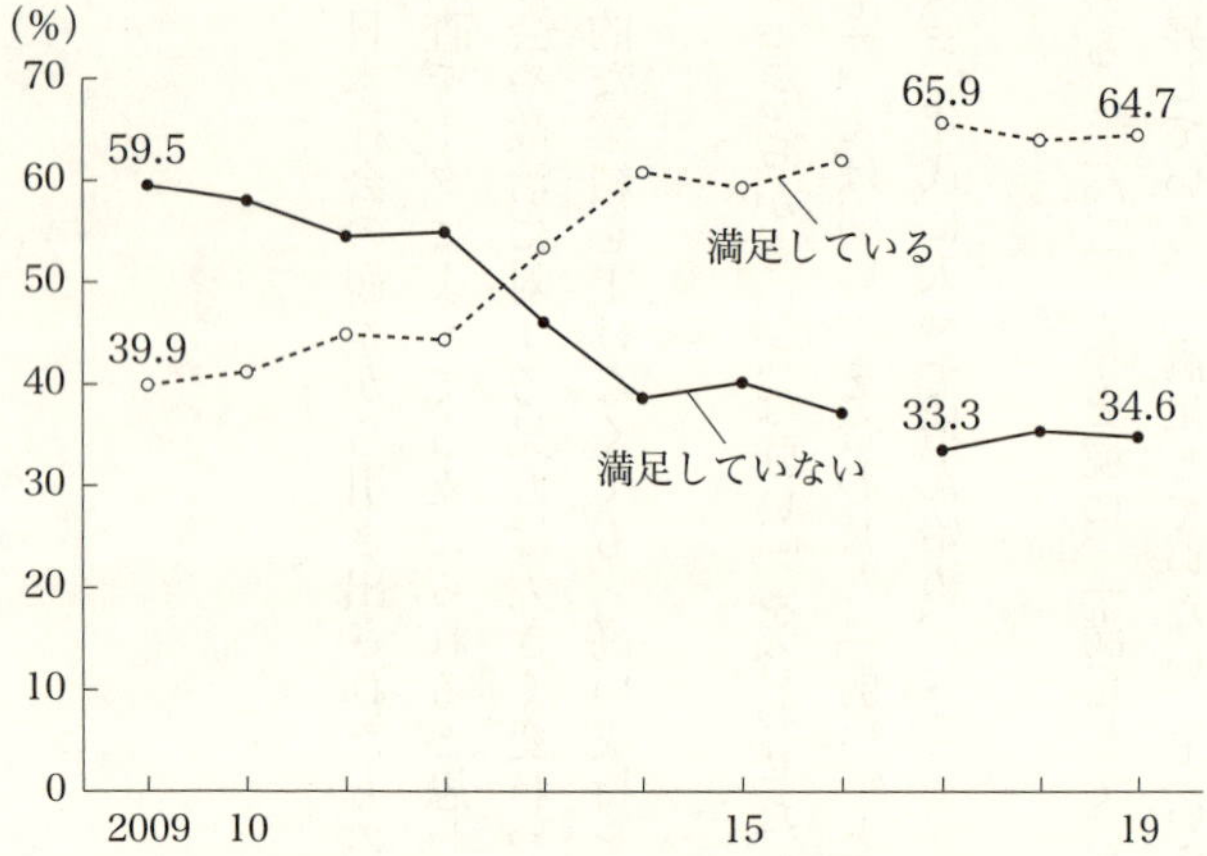

図 6-2 社会全体の満足度(時系列)

(注)調査対象については図 6-1 と同じ．

(出所)同前

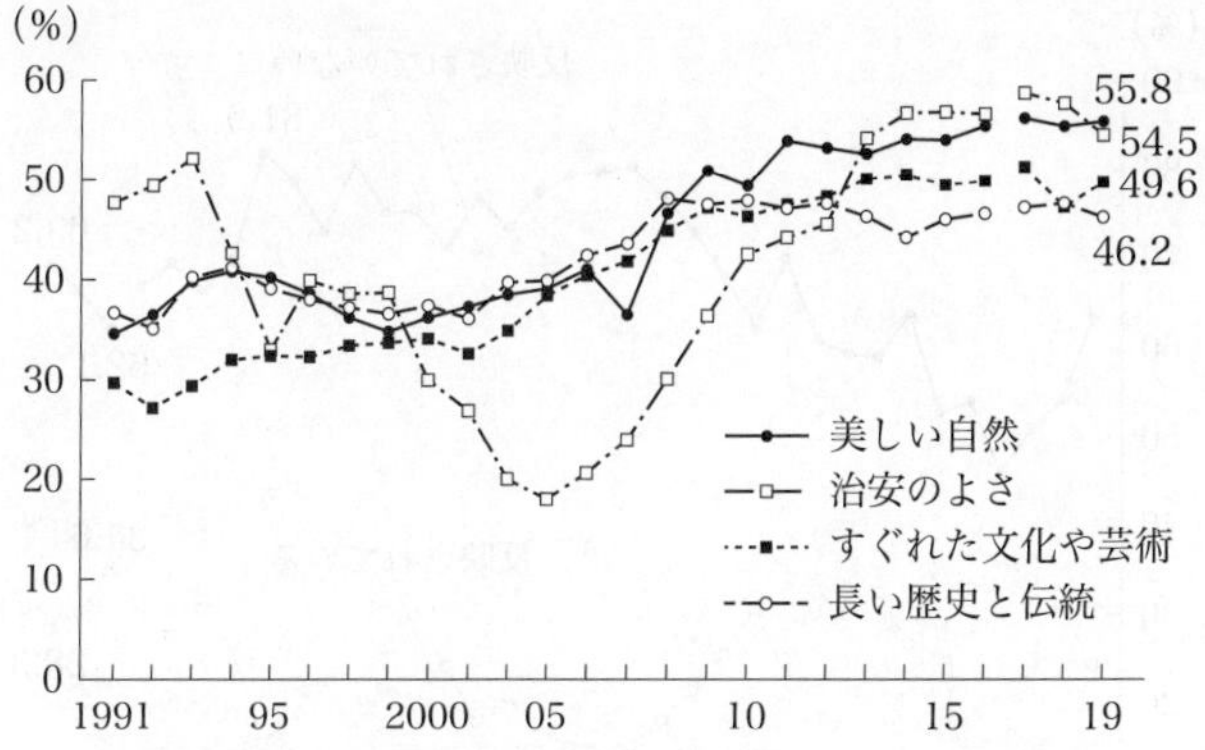

図 6-3　日本の誇り（上位 4 項目，時系列，複数回答）
（注）調査対象と実施年については図 6-1 と同じ．
（出所）同前

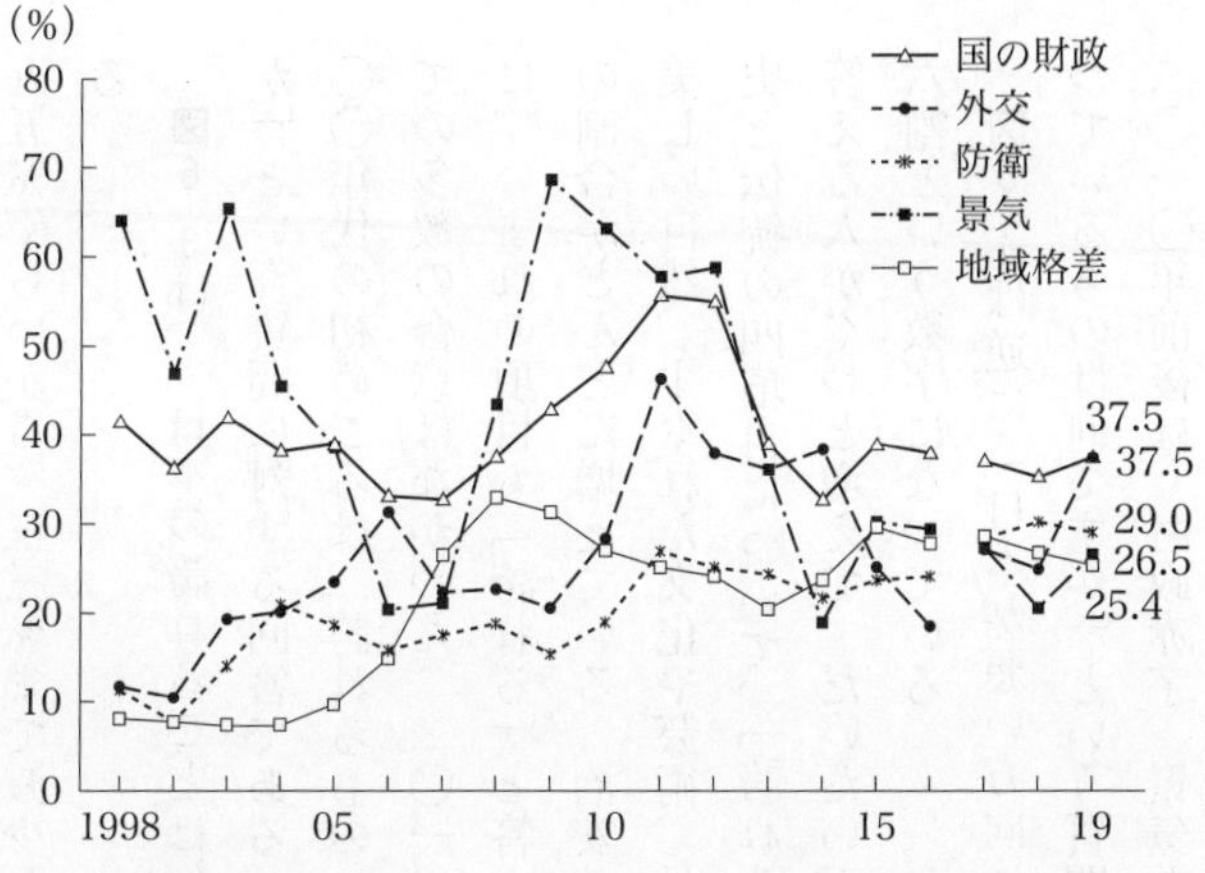

図 6-4　悪い方向に向かっている分野（上位 5 項目，時系列，複数回答）
（注）調査対象と実施年については図 6-1 と同じ．
（出所）同前

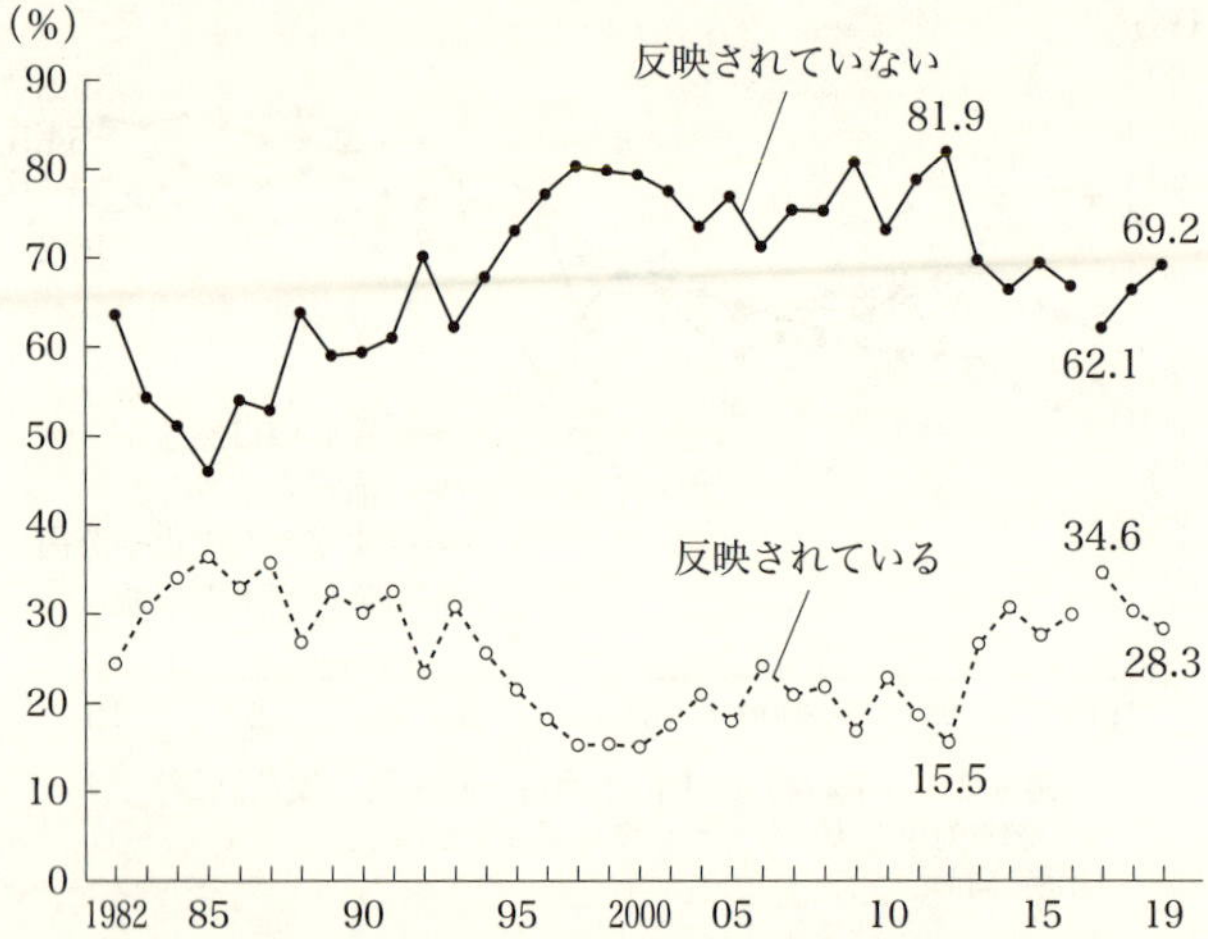

図 6-5　国の政策への民意の反映程度(時系列)
(注)調査対象と実施年については図 6-1 と同じ.
(出所)同前

五五％くらいから、三三％まで減少している。

図6-3は、「日本の誇れることは何ですか」という質問に対する回答である。二〇〇〇年代の初めごろは、誇れるものについての多数の合意はなかった。二〇一〇年代に、いずれの項目も「誇れる」と答える人の割合がどんどん増えている。治安のよさ、美しい自然、すぐれた文化や芸術、長い歴史と伝統の四項目について、「誇れる」と答える人がぐっと増えて、だいたい五割、六割という数字になっている。

図6-4は逆に「日本が悪い方向に向かっているものは何ですか」という質問で、二〇一〇年前後は、財政赤字、景気などの

問題で「悪くなっている」と答える人がかなり多かった。しかし、二〇一二〜一三年ごろから急に、悪い方向に向かっていると答える人の割合がどの分野でも減っている。

図6-5の民主政治への満足度に関する質問も興味深い。国の政策への民意の反映について、「反映されていない」と答える人が、二〇一〇年くらいまでは八割くらいいたのが、二〇一二〜一三年から急に減って、六二%まで、二〇ポイント程度減っている。逆に、「反映されている」と答えた人が、やはり二〇一〇年前後は二十数%だったのが、三五%近くまで増えている。

ここで紹介した多方面における社会意識の変化は、いずれも二〇一一〜一二年くらいから始まっている。第二次安倍政権の発足が二〇一二年末だったことを視野に入れると、国民の現状肯定感が高まりつつあった矢先に、安倍政治が始まったという前後関係があると思われる。

衰退時代の満足感

ここで大きな謎が浮かんでくる。二〇一〇年代初めには、国民の肯定感や満足感を高めるような現実の出来事は極めて少なかった。二〇一〇年代初頭に起こった大きな出来事といえば、東日本大震災と福島第一原発事故がある。経済の世界では、日本のＧＤＰが中国に追い越され、世界第二位の経済大国の地位を失った。さらに、国勢調査で見れば二〇一〇年を最後に人口減少が始まった。要するに、日本の衰退が決定的になった時期である。また、政治の世界では、民主党政権が国民の大きな期待を裏切って統治能力の欠如を露呈して崩壊した。図6-4では、財政赤字に対する危機感は低下しているが、現実には政府債務残高は増え続け、一〇〇〇兆円をはるかに超えている。

これらの事象と社会意識の変化はどのような関係を持つのだろうか。

まず、すでに述べたように、日本の国力の衰退は、主観的に自己を美化したいという欲求を強める。客観的に繁栄し、他国に優越しているからではなく、落ち目になっていくことを薄々感じながら、それゆえにこそ自国の特徴を誇りに思うことで、その喪失感を埋め合わせるという心理がそこからうかがえる。

大震災、原発事故といった黙示録的世界を見せられたことは、自分の生活水準に関する期待水準を下げる効果を持ったであろう。今平穏な生活が維持できているだけでありがたいという現状への満足を促す要因となっていると推認できる。こうした現状肯定の気分は、一九八〇年代の生活保守主義とは大きく異なるものである。一九八〇年代の生活保守主義は、日本経済が二回の石油危機を乗り越えて、世界最強の競争力を備えるようになったという実態に基づいていた。日本的な長期安定雇用や大企業から下請け中小企業に至る系列などの日本的経済慣行こそ、日本経済の強みと考えられた。実態として存在する豊かな生活を守るというのが保守化の中身であった。これに対して、二〇一〇年代の保守意識は社会経済的な前提を全く異にしている。二〇一〇年代に生きる日本人は、人口減少と超高齢化によって経済成長や社会保障制度の持続が困難になっていることを理解している。特に、三〇代以下の人々は発展、成長の時代を知らない。これから何か変化が起こるとすれば、それは必ず悪い方向での変化でしかないと多くの人は信じている。つまり、二〇一〇年代の現状肯定は、衰弱を少しでも先送りしたいという願望の現れである。

二〇〇〇年代には日本の直面する課題に対して、国民レベルの危機感は存在した。小泉政権退陣後の自民党の混乱の中、そうした問題意識が二〇〇九年の民主党政権を生み出したということもできる。しかし、民主党はその政治術の未熟さゆえに、極端に高くなった期待水準をそのまま放置し、大きな期待の世論を頼みに政策転換を図った。そして失敗し、政治全体に対する期待水準の暴落を招いた。政治の力を使って社会経済の問題を解決するという希望は消滅した。後に続いた安倍政権は、底を打った期待水準にいわばただ乗りし相対的に高い評価を得られるという利点を持つことになった。原発事故については、第一次安倍政権も事故を未然に防がなかった点で責任はある。しかし、原発事故も含めて民主党政権時代の問題はすべて民主党のせいにされ、安倍は無垢な顔をしたまま政権を取ることに成功した。

二〇一二年末の民主党から自民党への政権交代は、国民的な悲嘆や苦痛の記憶、経験を消去し、政治への関わり方をリセットするという効果を持ったということもできる。二〇一九年の平成から令和への改元も、実体的な変化もなしに新時代の到来という気分を国民に広めた、いわばリセット効果を持っているように見える。だからこそ、安倍は首相就任後何年経過しても、「民主党政権の悪夢」という言葉を発し続け、自らの地位を正当化できる。

以上の観察は、各種の世論調査における安倍政権支持の理由と符合する。世論調査で内閣支持率はおおむね四〇％から五〇％台を保ってきたが、支持の理由としては、「他よりもよさそう」というのが最も多い。また、経済政策の恩恵や消費税率引き上げの是非、原発再稼働の是非、憲法改正への賛否など、具体的な争点に関する調査では、安倍政権の路線に反対する者が常に上回っている。安倍政権を支えているのは、業績評価ではなく、ここで論じてきた自己肯定欲求と現状維持志向である。

一九年参院選と現状維持

二〇一九年七月の参院選でも、国民の現状維持志向は発揮された。この選挙の最大の特徴は、投票率が二四年ぶりに五〇%を割り、四八・八%にとどまったことであった。一九九五年の参院選では国政選挙史上初めて五〇%を割り、各党は大きな衝撃を受けて、投票時間の延長、期日前投票の簡易化などの対策を取った。二四年を経て、投票率は再び五割を切った。棄権はその選挙における多数派への委任の表明であるから、半数以上の有権者は優勢を予想される自民党、公明党に委任したわけである。そして、与党は過半数を維持し、既成野党は伸び悩んだ。政治の変化を望む者はれいわ新選組やNHKから国民を守る党に投票した。

二〇一九年五月三日の朝日新聞に掲載された世論調査は、選挙前から人々の投票行動を示していた。安倍首相の今後について、「大いに・ある程度」を合わせて「期待する」が四一%、「まったく・あまり」を合わせて「期待しない」が五七%。安倍首相の言葉を「大いに・ある程度」を合わせて「信頼できる」が三八%、「まったく・あまり」を合わせて「信頼できない」が六〇%。つまり、安倍首相の政治家としての誠実さも政策も否定的に見る人が過半数である。しかし、今後の日本政治について望むものは、「安定」が六〇%、「変化」が三四%、政権交代については、「繰り返されるほうがよい」が四〇%、「そうは思わない」が五三%と、政治の変化には期待しない人が多数である。果たして、安倍首相は選挙の争点を「政治の安定か混乱か」だと主張し、多数の有権者は安定を選んだ。

この選挙の最大の課題は、日本の有権者が政治的シニシズムや諦めから脱却できるかどうかだと私は考えていた。二〇一九年一〇月に予定される消費税率引き上げ、九五歳まで生きる人は公的年金の外に二〇〇〇万円の資産が必要だという金融審議会の報告など、選挙で論じるべき大きな政策課題は存在した。安倍政権は選挙に勝つために争点をぼかし、論争を回避した。二〇一九年は五年に一度の年金財政検証が発表される年で、通常は六月までに発表されていた。しかし、政府はその発表を選挙後に先送りした。もちろん、多くの人々は現在の生活の余裕のなさや老後の不安を感じている。しかしその諦めが政府与党による争点隠しを許した形である。それらを政治の世界で解決することについては、決定的な諦めが続いているというほかない。

安倍首相は高い支持率を謳歌してきたが、多くの調査においてその理由は他に適当な指導者がいないというのが最多であった。安倍政治は、他に選択肢はないという国民の諦めに支えられ、参院選でもそれが更新された。

現状肯定の危うさ

心理学の用語に、正常性バイアスという概念がある。これは、東日本大震災の際にも注目された。自らの生命、安全を脅かす危険な事件、災害が迫っていても、人間はその危険を過小評価して、危機への緊急的な対応をとろうとしないという傾向がある。危険な現象を通常の世界の範囲内ととらえ、まだ大丈夫という反応を取ることから、この傾向を正常性バイアスと呼ぶ。津波や火山の噴火の際に、まだ大丈夫と楽観した結果、逃げ遅れて犠牲となったケースは、まさに正常性バイアスによるものである。

「社会意識調査」は、日本社会全体の問題や傾向に対する正常化バイアスの表明と解釈することができる。実態としては、安倍政権下でも財政赤字は増える一方であり、貧富の格差は大きく、地域間格差も縮小していない。現状を「悪い方向に向かっていない」と思う人々はどこを見ているのか、素朴な疑問がわいてくる。人々が客観的に現状を理解して、評価をしているわけではないことは明らかである。株高、大企業の高収益などアベノミクスの表面的な成功が喧伝される中、人口減少も財政赤字も地方の衰弱も、正常性の範囲内と思い込んでいる人々が、日本社会の多数派である。

社会全体のレベルにおける正常性バイアスは死に至る病であることを強調しなければならない。まずは、正常性バイアスを脱しなければならないのは、政策を作る政治家と官僚である。今後の野党再編成の中で、的確な危機感に基づく政策課題の共有という作業が焦眉の急である。

終章　民主主義を終わらせないために――五つの提言

本書の最後に、これまでの各章で述べてきた自由と民主主義の危機について、これを打開し、二一世紀に持続する民主主義を立て直すためにどうすべきかを考察したい。

これまで述べてきた政治の危機は、戦争や軍事クーデターなど外からの力で引き起こされたものではない。むしろ、従来の民主主義の制度を通して、内側から生じている。そして一部の邪悪な権力者の陰謀で民主主義が危機に瀕しているわけでもない。強権政治を積極的に支持するとまでいかなくても、強権政治を黙認する国民の意思によって政治の危機がもたらされている。であれば、内側から立て直すことができるはずである。そのような課題を解決するために何をすべきか、考えてみたい。

改めて政治とは何か

一九九〇年代から二〇〇〇年代にかけて、多くの国において、民主主義は大きな高揚と転落を経験してきた。一九九〇年代は東欧における一党独裁の打倒と民主化、西欧における中道左派政権の広がりを経験した。東欧では近代的な基本的人権や代表民主制が確立するという期待が高まった。また、西欧の中道左派は経済のグローバル化を前提としつつも、人に対する投資によってグローバル資本主義の中で生きていける人間を作り出すことに社会民主主義の活路を見出そうとしていた。

しかし、ポーランド、ハンガリーなどでは選挙で勝利した権力者が独裁化の傾向を強め、表現の自由や報道の自由に対する抑圧が強まっている。また、西欧の中道左派政権は教育や公共サービスの立て直しにある程度の成果を上げたが、リーマンショック後の経済の混乱に対する有効な政策を打てず、税収の落ち込みへの対応として緊縮財政に道を譲った。

二〇〇八年にはアメリカで初のアフリカ系大統領となるバラク・オバマが当選し、二〇〇九年には日本でも民意による初の政権交代が起こった。しかし、オバマ政権は国民皆保険など内政上の重要課題について十分な成果を上げられず、二〇一六年にはトランプが大統領に当選した。また、日本では二〇一一年の東日本大震災の衝撃もあり、民主党政権は三年で崩壊し、ナショナリズム路線を掲げる安倍政権に道を譲った。いずれにしても、変化への期待と理想主義の高揚はたちまち幻滅に転化し、理想を否定するある意味の保守政治が再現された。

理想を掲げ、少数派を含むすべての人間の権利を尊重して熟議によって物事を決めるという美しいことを言う政治家が失敗した後は、民主主義や自由主義の建前を多少無視しても、強力に物事を推し進めるリーダーの方が望ましいという感覚が多くの国に蔓延している。あるいは、面倒な議論で時間を空費するよりも、多数決で早く物事を片付け、結果を出す政治手法が好ましいという気分が広がっている。

しかし、世の中は単純ではない。強力なリーダーが打ち出す、これさえあればすべてうまくいくという万能薬が実際に効果を持つわけではない。イギリスのEU離脱がその典型例である。移民の増加を嫌悪する一部の国民の感情に訴えて、デマゴーグはEU離脱がイギリス人の雇用を回復し、EUへの分担金をやめれば国内の社会保障政策に回せると宣伝した。それを真に受けた人々が、国民投票でEU離脱を決定したものの、離脱の実施の具体的な形をめぐって議論は迷走を続け、イギリス政府は統治不能の様相を呈している。

議論に時間をかけるのは非生産的に見えるが、かといって藪医者が出す偽りの処方箋を選ぶことは、より大きな混乱や破壊をもたらす。処方箋が偽りか本物かを見分けるためには、やはり議論が必要である。そのような議論の場が議会である。議会においては権力者が提案する政策を批判し、吟味する野党が必要である。また、市民も、もっともらしい万能薬の宣伝の大半をまずは疑ってかかるという冷静さを持つ必要がある。

政治という活動は、人間の多様性を前提とし、人間の自由を最大限尊重しつつ、共存するためのルールや約束事を決める作業である。政治社会は上意下達のヒエラルヒー組織ではないので、物事は簡単には決まらない。また、異なった意見や利害を持つ人々が議論すれば、結論はどうしても妥協的なものになる。それが政治の宿命である。そうした宿命を理解したうえで、少しずつ問題解決への努力を積み上げるのが政治の王道である。

最近の民主主義の混迷状況の中で注意すべき兆候は、政治の前提そのものを否定する論者が政治の世界に乱入していることである。人間の多様性を否定し、特定の生き方や考え方を押し付ける議論や、特定の属性を持った人々や集団について人間の尊厳を否定する考えをまき散らす議論、さらには特定の宗教の信者やハンディキャップを抱える人に対する暴力がいわゆる先進国の中でも広がっている。資源配分をめぐる議論については様々な主張があるのが当たり前である。しかし、異なった者どうしの共存という政治の前提条件を否定する者の主張まで、「言論の自由」という理念で許容すれば、自由そのものが脅かされる。

アメリカでは、トランプ大統領の誕生を契機に、白人至上主義を唱える団体の活動が活発化した。差別に反対する運動家と白人至上主義者が衝突したときに、トランプ大統領はどちらも悪いという趣旨の発言をした。これは、政治の前提を否定するものである。

日本でも、在日コリアンの尊厳を否定するヘイトスピーチが広がっている。また、二〇一六年七月には相模原市の障がい者施設で、同施設の元職員による大量殺人事件が起こった。もちろん、安倍政治のせいでこのような事件が起こっているわけではない。しかし、市民一般はもとより、政治指導者には、この種の事件の責任者を非難し、人間の尊厳や生命を無条件で尊重するという強い決意を折に触れ明確にすることが求められる。安倍首相は、二〇一九年三月一五日にニュージーランドで起こったイスラム教モスクにおける大量殺人事件について、同国首相に「日本はこのような残虐な殺人を断固として非難する(firmly condemn)」とするメッセージを送った。しかし、日本国内の民族を理由とするヘイトスピーチや障がい者の殺人事件、さらには表現の自由への攻撃について、「断固」たる非難の声明を出したことはない。のみならず、安倍政権で要職を務めた政治家は、ヘイトスピーチを事とする右翼団体のメンバーと親密な関係にあることも明らかになっている。

政治の質を保つためには、「あれもある、これもある」という相対主義を当てはめるべきテーマと、「これは絶対に許されない」という絶対主義を当てはめるべきテーマを識別することが必要である。差別の主張や暴力の行使は絶対に許さないという信念を政治社会のメンバーが共有することが、求められている。

政治が解決すべき課題

安倍政権の発足以来、アベノミクスが成果を上げているかどうかについて、国会で議論が繰り返されてきた。人々の生活実感においては、景気回復は感じられない。また、経済統計に関する政府の不正確な調査、杜撰なデータの提示が明るみに出て、実質賃金は安倍政権の間、低下傾向である。しかし、国会論戦ではその種の議論は水掛け論となる。今必要なことは、安倍政権が放置している長期的、構造的な問題についてまじめに考察することである。

人口減少が進むことは止めようのない現実である。その原因の一つは、一九七〇年代中ごろに生まれた団塊ジュニア世代が第三次ベビーブームを起こさなかったことである。なぜこの世代がそれほど子供をつくらなかったかといえば、主たる要因は、彼・彼女らが大学を出た時が金融危機や非正規雇用の急増の時期に重なり、低賃金で働く非正規労働者が増えたことにある。結婚、出産、育児のための経済的前提がこの世代では崩壊した。また、この世代には引きこもりになった人も多い。人口減少が加速したのは人災である。そして、雇う側の利益を優先する雇用の規制緩和や法人税減税は、四〇〇兆円を超える企業の内部留保という結果をもたらしている。この対照にこそ、目を向けなければならない。

その団塊ジュニア世代もいまでは四〇代である。二〇年後この世代が退職する年齢をむかえた時、十分な年金を受給できず、生活保護に頼る人の数が増えることが予想されている。財政、社会保障の破綻を防ぐために、この世代を社会に包摂し、稼ぎ、納税できるようにすることは時間との競争である。安倍政権も問題を認識し、この世代を「人生再設計第一世代」と名づけ再チャレンジを支援する仕組みを作るとしている。この取り組みを頭から否定すべきではないとしても、この世代が得るべきであった富を企業部門から取り戻すという問題意識がなければ成果は上がらないであろう。

財政の持続可能性について、日本はいつまで巨額の国債を発行し続けられるのか、論争がある。経済学の常識に照らせば、国際収支の黒字が続く間は大丈夫ということになる。しかし、貿易収支は二〇一八年後半から赤字基調で、二〇一九年一月だけでも一兆四〇〇〇億円の赤字だった。投資収益があるから貿易赤字はカバーできるという議論もあるのだろうが、アメリカでバブルがはじけたらそれも終わりである。

経済同友会代表幹事の小林喜光は、二〇一九年一月三〇日の『朝日新聞』のインタビューで、アベノミクスについて「この六年間の時間稼ぎのうちに、なにか独創的な技術や産業を生み出すことが目的だったのに顕著な結果が出ていない。ここに本質的な問題があります」と指摘している。まさに頂門の一針である。今、日本の貿易黒字は自動車が稼ぎ出しているが、これから電気自動車や自動運転の開発をめぐる大きな競争に立ち遅れれば、いよいよ稼ぐ産業はなくなる。そうなると、日本は国債消化を外資に頼る途上国型の財政に転落する。

安倍政権の原発推進政策も、長期的な思慮を欠いた、電力会社を今だけ助けるものである。福島第一原発事故の処理費用について、政府は約二二兆円と見積もっているが、民間シンクタンクは最大八一兆円という試算を発表した。被害者の救済や放射能汚染の除去にまじめに取り組めば、一年分の国家予算に匹敵する費用がかかることは明らかである。また、世界では化石燃料と原発という二〇世紀モデルから再生可能エネルギーに向けた大きな革命が起こっている。安倍政権の発想は、一九六〇年に国内炭鉱を守れと主張して勝ち目のない闘いを挑んだ三井三池炭鉱労組と同じようなものである。

これらの課題に関する具体的な政策は、経済学などそれぞれの専門分野で議論されるべきだろう。政治の課題は、熟議によって決着を付け、実行することである。我々に残された時間は多くない。

東日本大震災は防ぎようのない天災であった。しかし、非常用電源の停止を回避することはできたという点で、原発事故は人災である。人口の急速な減少は、一九九〇年代後半から二〇〇〇年代前半に結婚適齢期を迎えた人々の個人的な選択の積み重ねの結果である。しかし、その世代の人々に結婚しない、子供をつくらないという選択をせざるを得ない社会・経済的環境を押しつけたことは、人為的な政策の帰結である。アベノミクスの柱である異次元金融緩和の中でゼロ金利政策が続き、地方の金融機関が経営危機に陥りそうになっていることも、まさに人災である。

人間の作為が作り出した問題を解決する際の最初の作業は、因果関係を明らかにし、問題を作り出した者の責任を明確にすることである。この場合の責任とは、法律上の民事、刑事の責任とは異なる。制度的な法律上の責任を立証することが困難な事例も多い。ここで必要となるのは、問題を引き起こした当事者が誰であり、その種の問題を作り出すことの陰で利益を得ていたのは誰であったかを明確にする作業である。それこそが政治の仕事である。法律上の処罰や賠償を求めることはできなくても、国土や国民を犠牲にして利益を得ていた人々、企業、団体から政策を通して問題解決のコストを負担させることこそ、政治的な意味での責任追及の中身である。

このような問題の構図を明らかにできれば、自分の責任が及ばない理由によって苦しめられている人々と、そのような理不尽な苦しみを他者に押しつけることによって利益を得ている人々の存在が明らかになる。これから、犠牲と受益の著しい不均衡を是正するための政策に関する合意を作り出すことこそ、政治の課題である。以下、そのような課題を解決するためにも、どのようにして民主主義を立て直すべきか、考えてみたい。

【提言1】野党の立て直し

民主主義の再建のためには、権力を抑止する大きさと、明確な政策的方向性を兼ね備えた野党を再構築することが不可欠である。現在の野党の分立は、過渡期の現象である。立憲民主党は地方組織の整備も十分ではないし、政権を担う政治家の質と量が圧倒的に不足している。国民民主党は、かつての民進党時代の政党交付金の貯金があって、組織を維持しているが、支持率は低迷し、選挙の結果次第では内紛、分裂の可能性もある。野党をどのように統合するかという問いに直接答えることは難しい。今までの野党再編の失敗を踏まえ、今後の課題を見据えることが重要である。

第一は、政策の深化である。立憲民主党は脱原発を売り物にしている。しかし、スローガンだけではなく、既存の原発の終わり方、廃炉の進め方、再生可能エネルギーの拡大の方法について具体的な計画を示す必要がある。エネルギー転換の構想を示して連合（日本労働組合総連合会)や国民民主党を巻き込んで大きな合意を形成することが、脱原発を実現するためには不可欠である。原発だけなく、先に示した長期的、構造的政策課題について、既存の利益団体や官僚組織の利害を超えた方向性を打ち出すことが、野党の政策に対する期待を高めるために必要である。

ここで重要なことは、政策の究極的なゴールの設定に関する相違を認めつつ、政策を転換、改革するときの方向性を共有するという感覚である。政党が違えば、税制、安全保障、脱原発など、政策の最終目標が異なるのは当然である。しかし、一致できる中間地点まで協力するという形の連立政権を樹立することは可能である。

たとえば、原発ゼロを目指すとき、即時廃止というスローガンを性急に追求するのではなく、当面これ以上の再稼働を認めないことで一致することはできるはずである。そのためには福島第一原発の原因究明、現実的な安全対策などの条件を満たさなければ再稼働を認めないという政策を実行することで現実的な効果を上げることができる。消費税については、ゼロを目指す政党もある。しかし、一〇%に上がったものを中間的に五ないし八%に下げる、累進所得税、法人課税、資産課税の強化により富裕層に負担を求めるという点で一致することはできるはずである。安保法制反対の運動では、自衛隊を違憲と考える人も、合憲と考える人も、ともかく集団的自衛権の行使には反対し、専守防衛の自衛隊に引き戻すという点で野党が協力できた。こうした態度が方向性の共有である。

政権交代の可能性を追求する時、共産党の戦略も大きな影響を持つ。世間では共産党に党名や基本政策の転換を求める声もある。野党協力の選挙における共産党の政治家や支持者と接して、その誠実さは政治の世界では貴重だと感じる。共産党という名前を変えれば、支持者のエネルギーは雲散霧消し、組織力は一気に低下するのではないかというのが私の予想である。ただし、一九九三年の細川政権に社会党が参加したときのような柔軟な政策転換を共産党が打ち出すことができれば、連立政権の可能性は高まると思われる。ここで言う柔軟な転換とは、党としての本来の政策は違うが、当面、党の理念と悪しき現実との乖離、矛盾を少しでも小さくすることを優先して、今ある自衛隊や安保体制を承認し、憲法の理念に近づけるために改革を行うという姿勢である。社会党が自衛隊を容認したことが同党の解体を招いたという批判がある。共産党が何らかの形で政権に協力すれば、社会党の轍を踏むという議論もあるだろう。この点については、究極の理想と当面の政策を区別するという政治的成熟を共産党の政治家や支持者に期待したい。

第二は、新しい政党組織の開発である。立憲民主党が更地に建物をつくるような形で政党組織をつくることは、新しいモデルを構築するチャンスということもできる。民進党の分裂の際に、政治を憂える市民は憲法擁護の政党の火種を残したいという危機感に駆られて、立憲民主党を応援した。市民と政党の距離が縮まったことは、分裂劇の副産物であった。人材不足の立憲民主党が国政、地方の選挙で活動的な市民をリクルートできるかどうかは、この党の将来にとって重要な課題である。

折しも、二〇一八年一一月のアメリカの中間選挙では、民主党から多数の女性、マイノリティ出身の候補が当選し、アメリカ政治の雰囲気を変えた。トランプ政治に対する反発から、市民の政治参加が広がった。同じような構図で、立憲民主党や共産党が政治家の質を変えていくことができれば、野党への期待が高まるだろう。日本では、二〇一八年に政治分野における男女共同参画の推進に関する法律(パリテ法)が制定された。これは政党に議会議員について男女同数を目指す努力を求めるものである。これを機会に、国政、地方の議会に女性を増やすことについて自民党よりも先んじることで、政党の存在意義を発揮することも可能となる。

二〇一九年の参院選の際に登場したれいわ新選組は、発足早々クラウドファンディングで四億円もの資金を集めた。それは、普通の市民が数千円、数万円の寄付をした積み重ねである。つまり、政治を傍観するのではなく、自分たちの思いを託せると感じられる政党・政治家が出現すれば、身銭を切る市民が今の日本にも現れているのである。市民のエネルギーと結びついた政党の運営は可能である。

二〇一九年の参院選の後、立憲民主党の枝野代表が他の野党に統一会派の結成を呼び掛け、野党の再結集の模索が始まっている。野党がバラバラの状態であればメディアは大きな受け皿が必要だと批判し、大同結集を求めれば昔の民主党の再現だと批判し、野党はどちらの道を取っても批判は受ける。問題は、野党の政治家自身にあるべき野党像についての確信があるかどうかである。日本の野党においては、質と量のジレンマは常に付きまとう。政策面での純化を求めるのではなく、方向性の共有を確認したうえで、量的拡大を志向するという路線を取るべきである。内部矛盾を抱えるという批判に対しては、目標の遠さと足取りの速さは違う者が集まったが、ともかく同じ方向を目指して一定の距離を共に進むと反論すればよいだけである。

【提言2】国会の再建

次に、議会政治の立て直しについて考えてみたい。

安倍首相がもたらした議会政治の崩壊現象はいろいろあるが、国会論戦における言葉を破壊し、無意味にしたことは最大の罪の一つである。問われたことに答えない、言葉の意味を勝手にねじ曲げるなど、首相や閣僚のせいで、日本語の通じない国会が当たり前となった。

政治において言葉を取り戻すことが民主主義再建の第一歩である。まず、国民が国会審議の実態を知ることができるよう、情報提供の仕組みを整備する必要がある。国会の予算委員会における野党と安倍首相の質疑をじっくり見れば、誰であれ、安倍首相の無責任さ、傲慢さ、知性の欠如に驚くはずである。実際に、法政大学の上西充子などが中心となって、国会パブリックビューイングという運動が起こっている。これは、国会が提供するインターネット中継の画像を街頭のスクリーンに映し出し、普通の市民に国会論議の実態を知らせるという運動である。これをさらに進めて、国会審議をインターネットで常時流すチャンネルを作る必要がある。アメリカのC-SPANという局を日本でも作るというイメージである。

また、国会の質問時間の配分と計算の仕方についても、現在のあり方を見直す必要がある。国会における与党の質問は、自党の指導者に対するヒラの議員による世辞、追従の類がほとんどで、無意味である。質問時間の大半は野党に与えられるべきである。また、衆議院では質問者の持ち時間の中で政府側の答弁が行われる仕組みになっている。安倍政権はこれを悪用し、質問とは無関係な話をして時間稼ぎを行い、野党の質問を封じるという反則が横行している。国会のしきたりには長い歴史があって変更することは難しいが、政府側が誠実な答弁をしないのであれば、衆議院においても、参議院同様、政府の答弁の時間を議員の質問時間に入れないというルールを確立する必要がある。

国政調査権の発動に関するルールも、再検討する必要がある。この点は、第2章で述べたとおりである。参議院で野党が多数派になれば、国会が本来の調査権を行使して、証人喚問などを通して疑惑を究明し、関係者の責任を追及することができる。権力分立、抑制均衡を実現するためには、与野党逆転、いわゆるねじれ状態こそ望ましいということができる。しかし、ねじれ国会は簡単に実現しない。国会の恒常的な機能として国政調査権を強化するための制度改革を別途構想する必要がある。

国民自身が政策論戦に参加する仕組みを考えることも必要となる。辺野古新基地建設に反対する運動の中で、アメリカのホワイトハウスのウェブサイトに一定数以上の署名を集めれば、政策に関する意見が掲示される、さらに大統領からのコメントを要求できるという制度が活用された。日本でも、国会のウェブサイトに一定数以上の署名を集めれば、重要な政策案件について政府からの丁寧な説明、関連資料の開示を要求できるという制度を作れば、国民の政治に対する関心は高まり、発言意欲も刺激されるだろう。

さらに、中期的な課題として二院制、選挙制度の再検討についても議論を続けるべきである。

現在、衆議院と参議院の選挙制度は、定数一の小選挙区と比例代表が並立している点で、大きな違いはない。参議院では、人口の多い大都市圏の選挙区で定数が二ないし六の中選挙区の要素が含まれている点が違うだけである。参議院の選挙制度を衆議院と異なる原理で再設計する必要がある。衆議院が小選挙区制によって少数政党の存在余地を狭めていることに対する代償として、参議院ではブロック別の大選挙区制、あるいは比例代表と大選挙区制の組み合わせなどの案が考えられる。

また、二院制の中での参議院の個性を強調するためには、司法に対する国会の関与についても工夫する必要がある。現状では、最高裁判事の指名は内閣が自由に行っている。そのことが、司法の委縮、行政府に対する忖度を招いている。内閣が指名した最高裁判事候補者が参議院において所信、見解についての質疑を受けるという仕組みを導入することは、判事の指名を内閣の恣意に任せないために、ある程度の効果を持つであろう。これは憲法改正を必要とする話であり、かなり長期的な課題である。

一九八〇年代の中曽根、二〇〇〇年代の小泉など長期政権が終わった後は、自民党は混乱に陥り、短命政権が続いた。これは偶然ではない。長期政権の陰で次の政権を担う指導者の育成は遅れ、政策の停滞、腐敗の蔓延など弊害がたまっていたことの結果である。このパターンは、ポスト安倍にも繰り返されるに違いない。閣僚や与党政治家の暴言、国土交通副大臣が総理大臣や財務大臣の希望を忖度して道路予算を増やしたと自慢げに語った発言など、増長や傲《おご》りを示す不祥事はすでに相次いでいる。それゆえ、政権交代を見据えて、この常識外れの政治をまともに戻すための具体的な政策を考えておくことには意味がある。今は非現実的に見えても、それらを具体化するチャンスは案外近い将来に来るかもしれない。

【提言3】官僚制を改革する

民主主義を立て直す際の課題として、政治と行政、政治家と官僚の関係を見直すことも不可欠である。日本では、明治以来の官僚支配の伝統に対抗するために、一九九〇年代以降、政治・行政の改革の中で政治主導が唱えられた。先に説明したように、安倍政権はそうした制度改革の上に、権力を振るって、政権を維持している。

官僚制改革の焦点は、民主主義と専門性のバランスの回復である。一九九〇年代の行政改革では、専門性を隠れ蓑にして官僚が権力を振るってきたことへの反動で、政治による官僚制のコントロールが進められた。それは本来民主主義の強化を目指したものだが、今度は民主主義を隠れ蓑にして政治の恣意的な介入が横行し、行政が本来発揮すべき専門性や中立性が侵害された。人事面で統制されれば、官僚は人事権を握る政治家の意向を忖度するのは必然の成り行きである。

行政学者の牧原出は、安倍政権下で多くの行政の不祥事が起こったことを踏まえ、次のような改革の基本理念を提示している。第一に、国民の政治的選択を尊重するために政治主導は持続させる。第二に、政権幹部、首相官邸のスタッフ官僚のそれぞれについて行動、言動を公開し、政治主導の過程の透明性を高める。第三に、政策の失敗や重大な不祥事については政権幹部が責任を取る。第四に、改革は段階的に行い、将来生じた問題について柔軟に対応できるようにする(『崩れる政治を立て直す』講談社、二〇一八年)。

これに付け加えたいのは、行政が本来持つべき専門性を強化するための仕組みである。原発事故や薬害事件から、公平な専門性をいかに担保すべきかを学ぶべきである。官僚がお手盛りで自分たちのやることをすべて正当化する専門家を集めて政策にお墨付きを得るのではなく、行政に対して批判的な専門家も集めた政策論議の場を確保し、その過程を公開することが必要である。具体的には、審議会の人選について形式的な国会同意ではなく、学界やメディアなどとの議論を通して多様な専門家を入れる手続きを構築する必要がある。たとえば、日本学術会議という研究者の公的組織に、専門分野ごとに政策立案に対するアドバイザリーボード(助言機関)を設け、審議会の構成やそこにおける議論の実態について定期的にコメントを出すという仕組みを作れば、官僚に対して政策論議の多面性や公平性を確保しなければならないという緊張感を与えることができるだろう。

もう一つ、官僚制の強みである事実(evidence)を基にした政策形成を進めるよう、政策の根拠や論理を国民に向かって公開し、議論を喚起することも必要である。最近、政治家の思い付きや利害によって政策目的が設定され、事実根拠なしに政策が推進されることが繰り返されている。良心的な官僚は忸怩《じくじ》たる思いであろう。様々なデータ、統計は白書、年鑑などで定期的に発表され、政府のホームページにも掲載されている。これに加え、働き方改革や大学入試改革などといった重要政策については、立法に関する基本的な情報、解決すべき現状、根拠となるデータ、政策の期待される効果とそれがもたらされる因果関係などをわかりやすくまとめた目論見書を国民向けに公開し、パブリックコメントを受け付ける仕組みを作ることも一つのアイディアである。政策決定について最終的に責任を取るのは政権の指導者であり、国民は選挙を通してそれを追及するというのが民主主義の回路である。最終的に責任を追及する手前で、事実に基づかない政策形成を吟味し、間違いが深みにはまらないうちに修正の機会を作るというのが、ここでいうパブリックコメントの拡充の趣旨である。

【提言4】民主主義のためのメディア

権力に対する監視機能をもつメディアを回復することも、民主主義の再生には必要である。これには、制度的なアプローチと実態的なアプローチの両面がある。

制度的アプローチとしては、放送法制の再検討が必要である。すでに述べたように、現在の放送法制のもとでの総務省の監督権限は、政権与党が放送事業者を威嚇、統制するための道具になっている。内閣から独立した行政委員会によって放送事業に対する免許、監督を行うことが、自由で公平な放送を確保するために必要である。

また、NHKに関する制度も変えるべきである。NHKのニュース報道が政府の宣伝に成り下がっていることは、明らかである。ここで一つだけ深刻な事例を挙げておく。二〇一九年四月、明仁天皇が伊勢神宮に退位の報告に行ったとき、NHKのニュースは当初この神社の内宮を「皇室の祖先である天照大神を祀る」と説明した。昭和天皇の人間宣言や国家神道の否定という戦後日本の基本原理を知らない人々が日々のニュースを報道していることには大きな衝撃を覚えた。現在、NHKの会長、経営委員の人事と予算は国会承認事項である。これは、NHKに対して民主的なコントロールを加えるための制度である。しかし、実際には国会の多数派の圧力をＮＨＫに加えるための仕組みとして機能している。ＮＨＫを国会関与の圧力から解放することが、自律性と自由を確立するために必要である。

具体的な制度についてはイギリスのＢＢＣなどを参考に設計することが考えられる。視聴者代表や各界の有識者からなる監理委員会を設置し、人事、財務等の決定を下し、放送内容の公正さ、正確性については、現在のＢＰＯ（放送倫理・番組向上機構）の役割を監理委員会に担わせ、それを拡大してチェックすることが、特定党派からの介入を排除するために有効である。監理委員の人選について政府や国会が関与することは不可避だろうが、政府与党だけで決めるのではなく、野党からの推薦を認めることで、バランスの確保を図るべきであろう。

実態的なアプローチとは、現在のような困難なメディア環境にあって、事実の報道、権力の監視に奮闘する良質なジャーナリストを支援することである。放送局、新聞社は視聴者、読者の声をたえず気にするものである。良い報道、記事、番組に対する称賛の声は、はがき一枚、メール一通でも効果がある。権力監視を嫌う保守的な経営者がいたとしても、読者や視聴者から支持、応援があれば、批判的な視座を持つ現場の記者、制作者は仕事を続けることができる。

私は、札幌に住んでいたころ、メディアに関心を持つ友人とメディア・アンビシャスという運動を立ち上げた。これは、一年に一度、その年の優れた報道番組、新聞記事を表彰し、記者、制作者を励ますという運動である。市民の手作りの運動なので、表彰と言っても副賞はない。札幌で行う表彰式への旅費でさえ、受賞する側にお願いしている、ある意味手前勝手な運動である。しかし、表彰されるジャーナリストは紙切れ一枚の表彰状を受け取るためにわざわざ札幌まで来てくれることがほとんどである。そして、それらの番組や記事に賭けた熱い思いを語ってくれる。こうした運動が全国的に広がっていけば、現役のジャーナリストは元気づけられ、報道は活発になるはずである。

【提言5】市民の課題

最後に、民主主義を立て直すための市民の役割について考えてみたい。民主主義を担う市民に必要な美徳は、正義感、正確な認識、楽観と持続性である。

何を不正として憎むかは人によって異なる。努力を全くせずに生活保護をもらっている人間を怪しからんと思う人は、正義感に基づいて貧困者への攻撃をするだろう。民主主義との関係で必要な正義感の基準となるのは、個人の尊厳を守ることと法の下の平等を尊重することである。この二つを踏まえて、現実の世界で何を不正と規定するかは応用問題となる。個人の尊厳を守るということは、地域、境遇、性別、出自を超えてすべての人間について差別やいじめを許さないという態度をとるということである。また、法の下の平等を尊重することは、法を破ってのうのうと保護されている者を追及し、権力に近いことを理由に特権を得ることに反対する態度をとることを意味する。

ポピュリズムの歴史に関連して述べたように、市民の正義感は特権を排し、世の中を改革する原動力である。権力者やそれに近い富裕な人々の都合の良いように世の中が動くことについて、これを当たり前と受け入れる冷笑主義を否定することも、正義感と表裏一体である。

政治思想史研究者の野口雅弘は、自らのゼミの学生との議論の経験から、最近の若者は「批判」の言葉に対して、中身を検討して賛否を考えるのではなく、批判自体を拒絶するようになったと指摘している（「「コミュ力重視」の若者はこうして「野党ぎらい」になっていく」『現代ビジネス』二〇一八年七月一三日）。確かに、権力の悪や世の中の不条理に対しておかしいと声を上げることに対する共鳴の作用は、社会全体で弱まっている印象がある。最近はSNSを通して普通の市民も自分の意見を不特定多数に対して発信することができる。そして、ネット上では権力批判の主張に対しては苛烈な攻撃が加えられることもある。批判的な姿勢を取ることがリスクを伴うという感覚を、とりわけ若者は持っているのであろう。

森友・加計問題、公文書改竄など政権が崩壊してもおかしくないスキャンダルが続発しても、安倍政権が常に四〇%台の支持率を維持しているのは、あるいは野党に対する支持が広がらないのは、批判の言葉に対する社会の共鳴がないからである。

批判自体を忌避する若者に対して、正義感を振りかざして説教をするのは、徒労である。しかし、批判を否定することは、自由や民主主義を否定することにつながると言い続けなければならない。批判を否定し、表面的な調和の秩序に埋没することは、隷従への一歩である。

正確な認識は、的確な政策選択のための前提条件である。もちろん、実際にはテレビや新聞の報道にはステレオタイプが満ち溢れ、先入観や偏見にとらわれることが多い。ただし、今はインターネットによって政府や国際機関の統計にアクセスすることは可能である。世の中の問題に関する言説について、その出典や根拠を自分で確認することは飛躍的に容易になった。また、ジャーナリズムの中でもファクト・チェックが行われるようになった。これらの複数の情報を交差させながら、正確な認識を持つというのがメディア・リテラシーである。

第2章で紹介した日比嘉高は、BBCの「嘘とフェイクニュースに瞞《だま》されるのを防ぐには」という記事を紹介している。そこでは、次の六か条が掲げられている（前掲『「ポスト真実」の時代』）。

・単純さに誘引されない

- 細工されたイメージに注意を
- 自分自身の無知を受け入れよう
- フィルターバブル（自分に都合の良い情報の泡や壁で取り囲まれた状態）を超えて物を見よう
- 詮索好きであろう
- 反対側について考慮をしよう

いずれもその通りであるが、あえてこれらに加えるとすれば、パソコンやスマートフォンの画面だけを見ながらひとりで考えるのではなく、実際に他人と声に出して議論することの重要性も指摘したい。他人と顔を向き合わせながら話をすれば、人間は感情を抑え、儀礼を持って議論することができるはずである。

楽観と持続については、ことさら注釈をつける必要はない。数百年という単位で見れば、人間は自由の獲得と民主主義の確立のために闘い、成果を上げてきた。歴史は単調ではなく、行ったり戻ったりしながら、自由と民主主義は定着してきた。二〇世紀にはファシズムという大きな反動があったが、人間はそれを乗り越えて戦後の民主主義を作り出した。自由や民主主義の可能性をあきらめることは、その諦め自体が自由や民主主義の衰弱を招き寄せる、自己実現的予言である。マーティン・ルーサー・キングやネルソン・マンデラの苦闘を思えば、現在の民主主義国の市民が絶望を語るのは贅沢というものである。民主主義の歩みを私たちの時代に途絶えさせるわけにはいかない。

読書案内

■政治との付き合い方

1 **丸山眞男『政治の世界 他十篇』**（松本礼二編注、岩波文庫、二〇一四年）

2 **ジェリー・ストーカー『政治をあきらめない理由――民主主義で世の中を変えるいくつかの方法』**（山口二郎訳、岩波書店、二〇一三年〔原著二〇〇六年〕）

3 **文部省『民主主義』**（角川ソフィア文庫、二〇一八年〔初版一九四八年〕）

4 **将基面貴巳『日本国民のための愛国の教科書』**（百万年書房、二〇一九年）

本書でも述べたように政治という活動は、設計図通りにプラモデルを組み立てるのとは違って、思い通りにいかないことが当然である。政治における選択は悪さ加減の選択というリアリズムを持つことが、主権者としての心構えである。1と2はそのような政治という営みの本質について解き明かし、多様な社会における相互作用と合意の重要性を教える。

しかし、同時に世の中をよりよく作り変えるという理想を失ったら、政治という活動は無意味になる。3は、第二次世界大戦で敗れた直後の日本で、戦後民主主義の要諦を児童・生徒に分かりやすく説いたテキストブック。最近文庫本で復刊された。戦後民主主義の出発点における民主主義にかける教育者の熱い思いが伝わってくる。民主主義を生かすために、市民としてどう行動すべきかについても平易に示している。

政治に参加するときに気を付けなければならないのは、衝動や熱狂の行き過ぎである。特に最近はナショナリズムがその種の熱狂を作り出す道具として、為政者によって利用されることが目に付く。4は、ナショナリズムと愛国心の本質について極めてわかりやすく解説した好著。本来のパトリオティズムは、権力に対する批判精神を内包していることを明らかにしている。

■一九九〇年代以降の民主主義の変容と苦境

5 シャンタル・ムフ『左派ポピュリズムのために』(山本圭、塩田潤訳、明石書店、二〇一九年〔原著二〇一八年〕)

6 ヤン゠ヴェルナー・ミュラー『ポピュリズムとは何か』(板橋拓己訳、岩波書店、二〇一七年〔原著二〇一六年〕)

7 金成隆一『ルポ トランプ王国――もう一つのアメリカを行く』(岩波新書、二〇一七年)、同『ルポ トランプ王国2――ラストベルト再訪』(同、二〇一九年)

8　金子勝『平成経済　衰退の本質』(岩波新書、二〇一九年)
9　中北浩爾『自公政権とは何か――「連立」にみる強さの正体』(ちくま新書、二〇一九年)
10　牧原出『崩れる政治を立て直す――二一世紀の日本行政改革論』(講談社現代新書、二〇一八年)
11　野口雅弘『忖度と官僚制の政治学』(青土社、二〇一八年)
12　大竹弘二、國分功一郎『統治新論――民主主義のマネジメント』(太田出版、二〇一五年)
13　加藤典洋『戦後入門』(ちくま新書、二〇一五年)
14　塚田穂高編著『徹底検証　日本の右傾化』(筑摩選書、二〇一七年)
15　山口二郎『政権交代とは何だったのか』(岩波新書、二〇一二年)

5以下は、過去三〇年の間に起った民主主義の変化を理解するための本である。5と6はポピュリズムと呼ばれる政治現象に対する対照的な評価。5は政治変革のためのエネルギー源として評価し、6は自由を破壊する危険を内包していると警戒する。多面的な理解に両方の視座が必要である。7はアメリカにおけるポピュリズムの現代的形態を現地取材によって明らかにしている。8から11は、日本の経済、政党政治、行政・官僚制における変化あるいは劣化を明らかにしている。12は政治における責任の意味について理解するために有益である。13は、戦後日本の憲法秩序がいかに形成され、いかに危機に直面しているか、歴史的な展望の中で論じている。14は、メディア、文化、宗教、ナショナリズムなどの多くの分野で、現代日本における自己正当化や排外主義の高まりについて分析した論文を集めている。民主党政権の功罪や崩壊の理由について本書ではあまり述べなかったが、15は政権交代の意義と限界について論じている。もう一度政権交代を起こすためには、ここから議論を始めなければならない。

■情報と政治参加

16 **ウォルター・リップマン『世論(上・下)』**(掛川トミ子訳、岩波文庫、一九八七年[原著一九二二年])

17 **ジェイミー・バートレット『操られる民主主義——デジタル・テクノロジーはいかにして社会を破壊するか』**(秋山勝訳、草思社、二〇一八年[原著二〇一八年])

18 **津田大介、日比嘉高『「ポスト真実」の時代——「信じたいウソ」が「事実」に勝る世界をどう生き抜くか』**(祥伝社、二〇一七年)

人間の認識能力には限界があるが、できるだけ正確に物事を認識し、論理的に考えることは政治参加の大前提である。16は、メディアと世論の関係を論じた古典。ステレオタイプという概念を理解するだけでも、メディアの見方が変わるはず。17と18はネット時代における認識の仕方、ポスト真実やフェイクへの対処の仕方を論じた有益な本である。

■ディストピアを想像するために

19 **ジョージ・オーウェル『一九八四年』**（高橋和久訳、ハヤカワepi文庫、二〇〇九年［原著一九四九年］）

20 **中村文則『R帝国』**（中央公論新社、二〇一七年）

21 **吉村萬壱『ボラード病』**（文春文庫、二〇一七年［単行本二〇一四年］）

22 **柳広司『象は忘れない』**（文藝春秋、二〇一六年）

政治をなおざりにして、為政者の好き勝手を放置していたら、私たちの自由は奪われ、息苦しい世の中ができる。そのことの恐ろしさを理解するためには、ディストピア（地獄絵）を描いた文学作品（フィクション）を読むことが有益である。19はディストピア小説の古典。特に政治と言葉の関係について考えさせてくれる。20・21・22は、最近の日本の作家が書いた警世の物語。権力の膨張だけでなく、社会における横からの抑圧によって人間性が壊されていく恐ろしさを味わわせてくれる。

■民主主義の危機の分析とその打開策

23 **ティモシー・スナイダー『暴政——二〇世紀の歴史に学ぶ二〇のレッスン』**（池田年穂訳、慶應義塾大学出版会、二〇一七年［原著二〇一七年］）

24 スティーブン・レビツキー、ダニエル・ジブラット『民主主義の死に方――二極化する政治が招く独裁への道』（濱野大道訳、新潮社、二〇一八年〔原著二〇一八年〕）

25 ヤシャ・モンク『民主主義を救え！』（吉田徹訳、岩波書店、二〇一九年〔原著二〇一八年〕）

最後の三冊は、欧米の政治学者や歴史学者が、トランプ現象やブレグジット（英国のEU離脱）という危機状況に直面して、民主主義を擁護するために著した書物。現実と切り結ぶ知識人の言葉には、教えられることが多い。とくに、23は、ホロコーストやスターリン主義による抑圧の歴史を研究する歴史家が書いた読みやすい本。一九三〇年代の民主主義の崩壊が決して遠い昔の出来事ではないことを説いている。

あとがき

一九九三年の『政治改革』以来、私は、二、三年に一冊のペースで同時代の政治を主題とする新書を書いてきた。自分なりに、夢と希望をもって日本政治のあるべき方向を論じてきたつもりである。しかし、二〇一二年に書いた『政権交代とは何だったのか』(岩波新書)を最後に、七年も間が空いてしまった。この間、二〇一四年に勤め先を東京に移し、集団的自衛権の行使容認や安保法制に反対する運動、さらには国政選挙における野党共闘の運動など、実践に身を投じてきて、しかも負け続けて気弱になったことが、怠惰の言い訳である。

かつて、丸山眞男は本来の研究と区別して、時論の執筆を夜店にたとえた。私など、夜店の営業が本業になったも同然である。だが、今は夜店の稼業が必要とされる時代である。本書でも紹介したように、欧米における民主主義の危機状況に対して、優れた研究をしてきた政治学者や歴史学者が、一般市民のための警世の書物を著している。日本でも、民主主義を死なせないための思考と行動のガイドブックが必要だと思い、この数年の実践経験を踏まえてこの本を書いた次第である。

いつまで続くかわからない泥濘のような政治の危機状況の中で、疲れを感じることはしばしばであるが、民主主義を取り戻す運動に取り組む多くの市民と会えたことは、本書執筆の原動力となった。また、杉田敦、齋藤純一、小原隆治の諸氏をはじめとする立憲デモクラシーの会でともに活動する研究者の方々には、様々な示唆をいただいた。その学恩に感謝したい。金子勝氏、中野晃一氏の励ましにもお礼申し上げたい。また、岩波書店の小田野耕明氏には、原稿に対して多くの助言、提案をいただき、読みやすい本にすることができた。心より感謝したい。

山口二郎

二〇一九年九月

山口二郎

1958年岡山市生まれ
東京大学法学部卒業．北海道大学法学部教授を経て
現在－法政大学法学部教授
専攻－行政学・政治学
著書－『大蔵官僚支配の終焉』『一党支配体制の崩壊』『いまを生きるための政治学』(以上，岩波書店)，『政治改革』『日本政治の課題』『戦後政治の崩壊』『ブレア時代のイギリス』『政権交代論』『政権交代とは何だったのか』(以上，岩波新書)，『政治のしくみがわかる本』(岩波ジュニア新書)，『内閣制度』(東京大学出版会) ほか多数

民主主義は終わるのか
—瀬戸際に立つ日本　　岩波新書(新赤版)1800

2019年10月18日　第1刷発行
2020年3月13日　第3刷発行

著　者　山口二郎《やまぐちじろう》

発行者　岡本　厚

発行所　株式会社　岩波書店
〒101-8002 東京都千代田区一ツ橋2-5-5
案内 03-5210-4000　営業部 03-5210-4111
https://www.iwanami.co.jp/

新書編集部 03-5210-4054
http://www.iwanamishinsho.com/

印刷製本・法令印刷　カバー・半七印刷

ISBN 978-4-00-431800-2　　Printed in Japan

岩波新書新赤版一〇〇〇点に際して

ひとつの時代が終わったと言われて久しい。だが、その先にいかなる時代を展望するのか、私たちはその輪郭すら描きえていない。二〇世紀から持ち越した課題の多くは、未だ解決の緒を見つけることのできないままであり、二一世紀が新たに招きよせた問題も少なくない。グローバル資本主義の浸透、憎悪の連鎖、暴力の応酬――世界は混沌として深い不安の只中にある。

現代社会においては変化が常態となり、速さと新しさに絶対的な価値が与えられた。消費社会の深化と情報技術の革命は、種々の境界を無くし、人々の生活やコミュニケーションの様式を根底から変容させてきた。ライフスタイルは多様化し、一面では個人の生き方をそれぞれが選びとる時代が始まっている。同時に、新たな格差が生まれ、様々な次元での亀裂や分断が深まっている。社会や歴史に対する意識が揺らぎ、普遍的な理念に対する根本的な懐疑や、現実を変えることへの無力感がひそかに根を張りつつある。そして生きることに誰もが困難を覚える時代が到来している。

しかし、日常生活のそれぞれの場で、自由と民主主義を獲得し実践することを通じて、私たち自身がそうした閉塞を乗り超え、希望の時代の幕開けを告げてゆくことは不可能ではあるまい。そのために、いま求められていること――それは、個と個の間で開かれた対話を積み重ねながら、人間らしく生きることの条件について一人ひとりが粘り強く思考することではないか。その営みの糧となるものが、教養に外ならないと私たちは考える。歴史とは何か、よく生きるとはいかなることか、世界そして人間はどこへ向かうべきなのか――こうした根源的な問いとの格闘が、文化と知の厚みを作り出し、個人と社会を支える基盤としての教養となった。まさにそのような教養への道案内こそ、岩波新書が創刊以来、追求してきたことである。

岩波新書は、日中戦争下の一九三八年一一月に赤版として創刊された。創刊の辞は、道義の精神に則らない日本の行動を憂慮し、批判的精神と良心的行動の欠如を戒めつつ、現代人の現代的教養を刊行の目的とする、と謳っている。以後、青版、黄版、新赤版と装いを改めながら、合計二五〇〇点余りを世に問うてきた。そして、いままた新赤版が一〇〇〇点を迎えたのを機に、人間の理性と良心への信頼を再確認し、それに裏打ちされた文化を培っていく決意を込めて、新しい装丁のもとに再出発したいと思う。一冊一冊から吹き出す新風が一人でも多くの読者の許に届くこと、そして希望ある時代への想像力を豊かにかき立てることを切に願う。

（二〇〇六年四月）